KB110499

전통과 보수의 나라 영국 1

영국 역사

차례
Contents

머리말

역사란 과거와 현재의 대화요, 장구한 세월 동안 파란만장한 삶을 살아온 사람들에 관한 대하드라마이다. 거기에는 생존을 향한 처절한 몸부림이 있고, 국가와 민족을 위한 치열한 투쟁이 있으며, 삶의 향기와 궤적이라 할 수 있는 문화와 예술이 있다.

서유럽 변방의 작은 섬나라 영국은 일찍이 의회민주주의를 꽃피웠고, 산업혁명을 주도하여 시장경제를 이끌었으며, 50여 식민지를 개척하여 세계 인구의 4분의 1을 호령하는 '해가 지지 않는 제국'으로 군림했다. 비록 20세기 들어 제1·2차 세계대전과 냉전체제를 겪으면서 초강대국의 지위는 잃었지만, 후세에 남긴 영국인의 유산은 오늘날에도 지구촌 곳곳에서 빛을 발하고 있다. 뿐만 아니라 과거에는 '해가 지지 않는 제국'으로, 현재는 '하이테크문화와 전통문화의 공존'으로 늘 전 세계인의 관심을 끌고 있는 나라가 바로 영국이다.

대학 강단에서 30여 년 동안 영국의 역사에 대해 가르치다보니 이제 제법 영국과 친해졌다. 오래전부터, 무한한 잠재력을 지닌 이 나라에 관해 뭔가를 쓰고 싶었지만 차일피일 미루다가 이제야 용기를 냈다. 하지만 부족한 점이 많아 부끄러울 뿐이다. 독자 여러분의 따가운 질책을 달게 받을 마음의 준비가 단단히 되어 있다.

이 책은 깊이가 있는 전공 서적이 아니다. 그저 영국에 관심이 있는 독자들을 위한 입문서일 뿐이다. 따라서 필자는 영국의 역사에 관해 가급적 쉽고 간결하게 서술하고자 했다. 우리 사회의 각 부문에서 영국에 대한 관심이 다시 일고 있는 요즈음, 이 책이 영국과 친해질 수 있는 길라잡이 역할을 해주길 바란다.

이 책을 쓰는 데 네 번의 방학을 꼬박 연구실에서 보냈다. 그동안 많은 시간을 함께하지 못해도 아무런 불평 없이 내조해준 아내 혜경이, 아들 성환이, 며늘아기 선영이, 그리고 무엇보다도 이 세상에 태어나서 우리 가족에게 행복을 듬뿍 안겨준 손자 재영이에게 사랑과 함께 고마운 마음을 전한다.

또한 바쁜 와중에도 정성껏 이 책을 만들어주신 살림출판사 심만수 대표와 최문용 팀장을 비롯한 편집진 여러분께 깊은 감사를 드린다.

2018년 7월
부아산자락 연구실에서
한일동

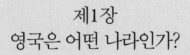

제1장
영국은 어떤 나라인가?

영국은 원래 유럽 대륙의 일부였지만 지금으로부터 약 1만 년 전 대빙하기가 끝날 무렵, 빙하가 녹으면서 해수면이 상승하여 유럽 대륙으로부터 분리되었다. 지금은 1994년 5월 6일 개통된 '채널 터널(Channel Tunnel)'에 의해 다시 연결되었다. 영국은 북대서양과 북해 사이에 위치하며, 도버해협을 사이에 두고 유럽 대륙에 있는 프랑스·벨기에와 인접해 있다. 영국의 위도는 북위 50도와 61도 사이에 위치하며, 경도 0도의 '본초자오선(本初子午線)'이 런던의 그리니치 천문대를 통과하고 있다. 영국은 잉글랜드, 스코틀랜드, 웨일스, 북아일랜드, 그리고 기타 부속 섬들로 구성된다. 국토 면

영국과 아일랜드 지도

적은 24만 3,025제곱킬로미터로 우리나라 남북한 전체 면적의 약 1.2배이며, 인구는 총 6,090만 명(잉글랜드 5,080만, 스코틀랜드 530만, 웨일스 300만, 북아일랜드 180만) 정도 된다.

유럽 대륙의 북서해안에서 떨어져 나온 5,000여 개의 섬들을 총칭해서 브리티시 제도(The British Isles)라 부른다. 이들 중 가장 큰 섬인 그레이트브리튼(Great Britain, GB)섬은 잉글랜드(England), 스코틀랜드(Scotland), 웨일스(Wales)로 구성되며, 다음으로 큰 섬인 아일랜드(Ireland)섬은 아일랜드 공화국(The Republic of Ireland)과 북아일랜드(Northern Ireland 또는 Ulster)로 구성된다. 아일랜드 공화국은 1949년 영국으로부터 완전히 독립을 했지만, 북아일랜드는 여전히 영국령(領)으로 남아 있다. 채널 제도(The Channel Islands)와 맨섬(The Isle of Man)은 오늘날 영국령이 아닌 자치령이지만, 여전히 영국의 왕(여왕)에게 충성을 서약하고 있다. 따라서 영국의 영토는 그레이트브리튼섬과 북아일랜드, 그리고 작은 부속 도서(島嶼)들로 구성되며, 영국의 공식 명칭은 '그레이트브리튼과 북아일랜드 연합왕국(The United Kingdom of Great Britain and Northern Ireland, UK)'이다.

한편, 로마인들은 도버해협(The Strait of Dover) 남쪽 해안가의 하얀 석회석 절벽에서 힌트를 얻어 그레이트브리튼섬을 '앨비언(Albion, 흰섬[white land]이란 뜻)' 또는 '브리타니아(Britannia: 로마인들이 잉글랜드에 붙인 명칭이며, 영국의 수호 여신을 뜻하기도 함)'로 부르기도 했는데, 이들 또한 영국을 지칭하는 명칭들이다.

제2장
영국의 역사

고대

영국은 유럽의 가장자리에 위치한 작은 섬나라에 불과하지만 역사적 지위는 결코 주변부에 머문 적이 없다. 수천 년 동안 신석기시대 사람들, 켈트족, 로마인, 바이킹족, 앵글로색슨족, 노르만족 등 수많은 침략자와 이주민이 이 땅에 건너와 정착해 살면서 자신들의 족적(足跡)을 남겼다. 그 결과 이 나라는 역사, 문화, 언어에서 매력적인 융합의 모습을 보인다. 또한 영국이 세계의 중심으로 우뚝 서는데 일조했던 이러한 역동성은 오늘날에도 진화를 거듭하고 있다.

최초의 정착민들

오늘날 영국이라 불리는 그레이트브리튼섬은 유럽 대륙과 여러 차례 연결되었다가 끊기곤 했다. 빙하시대에는 영국해협이나 북해가 모두 유럽 대륙과 연결되어 동물이나 사람이 두 지역을 마음대로 넘나들 수가 있었다. 따라서 지금으로부터 대략 70만 년 전에 최초의 구석기시대 사람들이 사냥이나 고기잡이 또는 채집을 하면서 이 땅에 정착해서 살았던 것으로 추정된다. BC 4000년경에는 금속을 능수능란하게 다루었던 이베리아인들이 이베리아반도에서 건너와 최초의 문명을 일구었다. 이러한 선사시대 유물 중 가장 잘 알려진 것은 영국의 윌트셔 주(州) 에이브버리에 있는 실베리 힐(Silbury Hill)과 솔즈베리 평원에 우뚝 서 있는 스톤헨지(Stonehenge)이다.

실베리 힐은 BC 2400년경에 세워진 유럽에서 가장 큰 선사시대 고분(古墳)으로, 아래 면은 지름 167미터의 원형이며, 꼭대기는 지름 30미터의 크기로 평평하고, 높이는 40미터이며, 50만 톤의 백악토로 되어 있다. 이 거대하고 기술적으로 특출한 기념물이 과연 무슨 목적으로 세워졌는지는 아직도 확실치 않다.

고대 영어로 '공중에 매달린 돌'이란 의미의 스톤헨지는 신비로 가득 찬 고대의 거석주군(巨石柱群) 환상열석(環狀列石) 유적으로, 인간의 상상력을 유감없이 발휘한 상징물이다. 스톤헨지는 런던으로부터 서쪽으로 130킬로미터 정도 떨어진 윌트셔 주 솔즈베리 평원에 위치하고 있으며, BC 3000~1500년경에 만들어진 것으로 추정된다. 돌덩어리 하나의 무게가 50톤, 높이가 8미터에 이르는 이 환상열석군은 11헥타르에 달하는 넓은 평원 위에 세워져 있으며, 돌기둥들을 중심으로 직경 90미터 정도의 원형 도랑이 파여 있고, 도랑 안쪽에는 56개의 구덩이가 빙 둘러 배치되어 있다. 이렇게 거대한 유적을 누가, 어떻게, 왜 만들었는지는 확실치 않다. 하지만 종교의식을 거행하기 위한 이교도들의 신전이었거나, 천문기상 관측을 위한 천문학적 시계 역할을 했던 것으로 추정된다.

켈트족

켈트족(Celts)이 그레이트브리튼섬에 들어온 시기는 확실치 않지만, BC 6~BC 5세기경 중유럽에서 건너와, 기존의 원주민을 흡수하면서 영국 전역에 정착해서 살았던 것으로 추정된다. '고대 영국인'으로 알려진 이들 켈트족은 인도유럽어군(語群)의 한 어파(語派)인 켈트어를 구사했으며, 대략 20여 개 부족으로 나뉘어 생활했다. 켈트족은 용맹하고 호전적인 부족으로 정의감·명예욕·자존심이 투철했으며, 음주와 가무(歌舞)·시·웅변·말장난을 즐기는 호탕한 기질의 소유자였다. 비록 그들이 체계적인 조직을 갖추거나 합리적 사고를 하는 데는 다소 미숙했지만, 초자연적 존재와 영성(靈性)을 믿는 상상력이 풍부한 종족으로 드루이드교(Druidism)를 신봉했다. 또한 그들은 언어와 문자(오검[Ogham]문자)를 가져왔고, 브레혼 법(Brehon Law: 입법자 또는 재판관을 게일어로 'brehon'이라고 함) 제도와 화폐를 도입했으며, 사제(司祭, Druid) 제도를 시행하고, 도기 제조와 금속 세공에도 조예가 깊어 토착 영국인들의 생활방식을 바꾸는 데 크게 일조했다.

로마인

영국 역사의 시작은 그다지 영광스럽지 못했다. BC 55년과 54년에 걸쳐 로마 제국의 율리우스 카이사르에 의한 그레이트브리튼섬의 침입은 영국사에서 로마인(Romans)에 의한 최초의 정복 시도이며, 대규모 외부인의 침략이었다. 이후에도 몇 차례 원정이 있기는 했지만 본격적인 로마의 그레이트브리튼섬의 정복은 그로부터 약 1세기 뒤인 43년 클라우디우스 황제에 의해서였다. 이어 채 10년도 되지 않아 그레이트브리튼섬의 대부분이 로마인의 수중으로 넘어갔다. 로마의 브리타니아 정복은 수월하게 진행되었다. 일부 켈트족 왕들은 전쟁보다는 로마에 협조하는 것이 득이 된다고 생각했다. 하지만 이케니(Iceni) 부족의 부디카 여왕(Queen Boudicca, Boadicea)은 61년 그레이트브리튼섬의 9개 부족들을 규합하여, "적들의 핏속에서 수영하게 하소서"란 노래를 부르면서 로마에 대적했으나 결국 실패하고 말았다.

80년경 브리타니아는 오늘날의 잉글랜드와 웨일스의 대부분 지역을 점유하고 있었다. 로마인은 날씨가 춥고 황량할 뿐 아니라 자원이 별로 없고 땅이 척박한 아일랜드섬에는 전혀 관심을 두지 않았으며, 단지 스코틀랜드의 남쪽 지역까지만 영향력을 행사했다. 당시 스코트족(Scots)으로 불리던 켈트족이 북아일랜드로부터 스코틀랜드로 건너온 것도 바로 이 시기였는데, 이들은 스코틀랜드의 원주민이었던 픽트족(Picts)과 합세하여 로마군에게 조직적으로 대항했다. 이를 보다 못한 로마의 하드리아누스 황제는 이들의 침략을 저지하기 위해 122년 '하드리아누스 성벽(Hadrian's Wall)'의 축조를 지시했다. 높이 4.9미터(16피트), 길이 120킬로미터(73마일)

에 달하는 이 성벽은 기원후 122년부터 127년까지 장장 6년에 걸쳐 완성되었다.

하드리아누스의 뒤를 이은 안토니누스 피우스 황제는 로마의 영토를 넓히고자 훨씬 더 북쪽 지점(포스[Forth]강과 클라이드[Clyde]강 사이)에 약 60킬로미터에 달하는 '안토니누스의 성벽(The Antoninus's Wall)'을 축조했으나, 이 성벽은 곧 버려진 채 남게 되었고, 로마 제국의 국경은 로마인이 410년 브리튼섬에서 물러날 때까지 하드리아누스 성벽이 있는 곳을 기준으로 유지되었다. 지금도 이 성벽의 상당 부분은 잉글랜드와 스코틀랜드의 경계 역할을 하고 있다.

근 400여 년에 걸친 로마인의 영국 통치는 결국 국내 정세의 악화로 410년 막을 내렸다. 멀리 떨어진 해외 식민지를 유지하는 일보다 본국을 지키는 일이 더욱 중요하다고 여긴 로마군이 그레이트브리튼섬에서 철수했기 때문이다. 이제 로마인이 떠나간 지역은 앵글족(Angles), 색슨족(Saxons), 주트족(Jutes)으로 채워지게 되었다.

로마인은 오랜 통치 기간에도 불구하고 그레이트브리튼섬에 이렇다 할 것들을 별로 남기지 못했다. 로마의 문화에 동화되었던 켈트족이 앵글로색슨족에 의해 쫓겨났기 때문이다. 하지만 그들은 잉글랜드의 남동부에 있는 템스(The Thames)강 하구로부터 약 60킬로미터 떨어진 린딘(Llyn-dyn:

아일랜드어로 '습지'라는 뜻)이란 곳에 오늘날의 수도인 런던(당시에는 '론디니움[Londinium: '호수의 도시'라는 뜻]'으로 불림)을 비롯하여 요크(York)·바스(Bath) 등과 같은 주요 도시를 세웠을 뿐 아니라, 기독교·라틴어와 라틴 문화, 관습·법체계·도로망·광장·대중목욕탕·지하수로 등을 남겼다.

잉글랜드의 출현

로마인이 본토로 떠나자 잉글랜드의 남동부는 무방비 상태가 되어 이른바 일부 역사가들이 말하는 '암흑시대'가 시작되었다. 이때를 틈타 5세기 중엽 북유럽으로부터 게르만족 계열의 앵글족, 색슨족, 주트족이 대거 침입해 들어왔다. 이들은 잉글랜드의 남동부는 손쉽게 수중에 넣을 수 있었지만, 서쪽으로의 잠입은 전설상의 영웅 아서 왕(King Arthur)의 저항에 의해 주춤할 수밖에 없었다.

하지만 6세기 말경에 앵글로색슨족은 거의 모든 잉글랜드를 지배하게 되었다. 침입자들이 토착 켈트족을 서쪽으로 몰아내면서 그들의 땅을 빼앗았기 때문에, 켈트족은 웨일스와 콘월 지역, 또는 바다 건너 프랑스의 브르타뉴 지방으로 건너가서 새로운 왕국을 세웠다. 이러한 이유로 켈트족은 오늘

노섬브리아

앵글족

머시아

이스트
앵글리아

브리튼족

에섹스

주트족

색슨족

켄트

웨섹스

서섹스

브리튼족

브르타뉴 지방으로

5세기 잉글랜드의 7 왕국

날까지도 스코틀랜드, 웨일스, 콘월 지역에서 그들 고유 언
어와 문화를 보존하고 있다.

그러나 잉글랜드에서는 앵글로색슨족의 세력이 확대되면
서 앵글족은 노섬브리아(Northumbria: 잉글랜드의 북부 지역과 스
코틀랜드의 남동 지역), 머시아(Mercia: 잉글랜드의 중부 지역), 이스
트 앵글리아(East Anglia: 노포크[Norfolk], 서퍽[Suffolk] 지역과 케

임브리지셔 늪지[Cambridgeshire Ferns] 동쪽 지역) 왕국을, 색슨족은 웨섹스(Wessex: 잉글랜드의 남서 지역), 서섹스(Sussex: 잉글랜드의 남동 지역), 에섹스(Essex: 이스트 앵글리아와 서섹스 사이에 있는 잉글랜드의 남동 지역) 왕국을, 그리고 주트족은 켄트(Kent: 에섹스와 서섹스 사이에 있는 잉글랜드의 남동단 지역) 왕국을 세웠다.

이후로 이들 7개 왕국은 패권을 둘러싸고 빈번히 싸웠다. 하지만 829년 당시 웨섹스의 왕이었던 에그버트(Egbert)가 모든 잉글랜드를 통일시켰다. 에그버트 왕은 기독교도였으며, 통일 국가를 이루기 위한 토대로서 로마인으로부터 이미 전파된 기독교를 잉글랜드 전역에 포교하기 시작했다. 따라서 통일 왕국은 정치적·종교적으로 확고한 토대를 마련할 수 있었다.

앵글로색슨족은 주로 시골에 정착해서 살았기 때문에 앵글로색슨 시대의 사회는 근본적으로 농촌사회였다. 경제는 전적으로 농업에 의존했으며, 모든 사회 계층은 촌락이나 고립된 농가의 토지에 의존해서 생활했다. 이들이 도입한 새로운 농경방식과 수천 개의 자급자족 마을 공동체는, 이후로 거의 1,000년 동안 영국 사회에 지대한 영향을 미쳤다. 그들은 또한 '저지 게르만어군(Low-Germanic Group)'의 한 방언인 구어체 '영어(Englisc)'와 '룬(Rune) 문자'를 사용했는데, 이는 오늘날 우리가 말하고 쓰는 영어로 발전했다.

앵글로색슨족이 영국에 들어올 당시 이들은 이교도였다. 597년 로마로부터 파견된 성 아우구스티누스(St. Augustinus)는 캔터베리(Canterbury)에 본부를 세우고 잉글랜드의 남부 지역에 기독교를 전파했다. 스코틀랜드를 비롯한 잉글랜드의 북부 지역과 서부 지역은 아일랜드로부터 파견된 선교사들에 의해 이미 150년 전에 기독교가 전파되었기 때문이다. 이후 기독교는 빠른 속도로 보급되어 난립된 왕국들의 통합에 일조했다.

바이킹 시대

8세기부터 잉글랜드는 또 다른 게르만족의 침략을 받기 시작했다. 바이킹족(Vikings: 전사[戰士, warriors]라는 뜻), 노스족(Norsemen), 데인족(Danes)으로 알려진 이들은 스칸디나비아 반도(半島)에서 건너왔으며, 9세기에는 스코틀랜드 주변의 섬 지역과 아일랜드의 몇몇 해안 지역을 이미 점령한 후 정착을 시도했다. 그 후 9세기 중엽 잉글랜드의 중부와 남부로 세력을 확장하기 시작했지만, 웨섹스의 알프레드 대왕(King Alfred the Great)이 지휘하는 앵글로색슨족의 군대는 이들을 북쪽으로 몰아냈다. 그 결과 이들의 정착은 잉글랜드의 북부와 동부로 한정되었다. 이 일을 계기로 알프레드 대왕은 국민의 왕으로 추앙받았으며, 앵글로색슨족은 자신들을 단일 민족으로 여기기 시작했다.

알프레드 대왕은 이후로도 자신들을 끊임없이 괴롭히는 데인족과 강화조약을 맺고 '데인로 지역(Danelaw: 9~11세기경 데인족이 점령한 잉글랜드 북동부 지역에서 시행된 법률과 그 법률이 적용된 지역)'을 선포했다. 이에 따라 그는 데인족들로 하여금 잉글랜드의 북동부 '데인로 지역'에 한정해서 거주케 하고, 남쪽은 자신의 통치하에 두었다. 지금도 예전의 '데인로 지역'이었던 곳에는 스칸디나비아적 요소가 많이 잔존하고 있다.

하지만 이들 데인족과 앵글로색슨족 사이에는 언어와 문화 면에서 차이가 별로 없었을 뿐 아니라 새로이 받아들인 기독교도 쉽게 공유할 수 있었기 때문에 통합이 쉬웠다. 마침내 잉글랜드는 11세기 초에 당시 덴마크와 노르웨이의 군주였던 카뉴트 왕(King Canute, 1016~1035)에게 점령되어 하나의 통일 왕국을 형성하게 되었다.

7~11세기에 잉글랜드는 귀족회의인 '위테나게모트(Witenagemot)'에서 왕을 선출했는데, 1035년 카뉴트 왕이 죽은 뒤 왕권은 그의 아들 해럴드 1세(Harold I, Harold Harefoot)가 물려받았으며, 이후 다시 색슨족이었던 참회 왕 에드워드(Edward the Confessor: 웨스트민스터 대성당을 지을 만큼 신앙심이 매

우 깊었기 때문에 붙여진 별칭)가 왕위를 계승했다. 하지만 1066년 에드워드가 후사 없이 세상을 떠나자, 왕권은 그의 처남 해럴드 2세(Harold II)에게로 넘어갔다.

중세

정복 왕 윌리엄과 노르만 정복

해럴드 2세가 왕이 되자 노르망디 공작 윌리엄(William Duke of Normandy)은 에드워드로부터 왕위계승을 약조 받았다고 주장하면서, 1066년 잉글랜드를 침략하여 헤이스팅스 전투(Battle of Hastings)에서 승리를 거둔 뒤, 그해 성탄절에 곧바로 런던의 웨스트민스터 사원으로 건너가서 윌리엄 1세(William I)로 즉위하였다. 이렇게 해서 잉글랜드는 약 600년 동안 지속해온 앵글로색슨 왕조가 문을 닫고 유럽 대륙 세력인 노르만 왕조(1066~1154)가 들어서게 되었다.

노르망디(Normandy)는 원래 프랑스의 땅이었으나, 바이킹 족이었던 노르만족(The Normans)의 침입이 거세지자, 프랑스 국왕이 이들의 충성서약에 대한 보답으로 911년 이 땅을 노르만들에게 하사하면서부터 붙여진 명칭이다. 흔히 '노르만 정복'으로 알려진 이 사건은 노르만 왕조의 시작임과 동시에 영국사에서 하나의 획을 긋는 중요한 사건이었다.

노르만 정복자들은 바이킹의 후예(後裔)이긴 했지만, 이미 100년 동안 프랑스 문화에 동화되어 살았기 때문에 프랑스 문화와 언어를 비롯한 대륙문화를 섬나라인 잉글랜드에 전파했다. 따라서 노르만 정복은 잉글랜드가 진정한 유럽 국가로 탄생하는 계기가 되었으며, 로마에게 정복당한 이후 역사상 두 번째로 유럽 대륙문화(라틴문화)와 합류함으로써, 유럽 대륙문화를 유입하고 발전시키는 전환점이 되었다(송원문 9).

윌리엄을 도와 잉글랜드를 정복한 노르만 귀족들은 그들이 세운 공로의 대가로 땅을 하사 받아 영지를 통치함으로써 잉글랜드에 봉건제도(feudal system)와 계급제도(class system)를 정착시켰다. 즉, 윌리엄은 봉토를 하사받은 영주는 물론 그의 가신(家臣)들과 종복들까지 국왕의 신하로 복종한다는 일종의 충성서약을 받아냈는데, 이것이 바로 '솔즈베리 서약 (The Oath of Salisbury)'이다. 또한 토지 조사와 조세 징수를 목적으로 일명 『둠즈데이 북(Domesday Book)』이라 불리는 두 권의 토지대장을 작성하여 잉글랜드의 전역에 있는 장원, 영주, 농노, 가축의 수, 연 수입 등을 체계적으로 관리했다. 솔즈베리 서약과 『둠즈데이 북』은 윌리엄 1세가 지방 권력을 약화시키고 왕권을 강화하면서 잉글랜드가 중앙집권적 봉건국가로 발전하는 토대가 되었다.

　노르만 정복과 더불어 프랑스어와 라틴어가 행정과 학문 분야에서 광범위하게 쓰이는 언어로 떠올랐다. 반면 영어는 농민과 하인 등 신분이 낮은 사람들의 구어(口語)로 전락했는데, 이는 영어발달사에서 아주 중요한 사건이다. 왜냐하면 고대 영어(Old English, OE)가 프랑스어의 영향으로 풍부한 어휘(의회[parliament], 군주[sovereign], 하인[servant], 판사[judge], 적[enemy] 등 약 1만 개 정도의 프랑스어 단어가 차용됨)와 어미 굴절이 단순화된 중기 영어(Middle English; ME)로 발전하는 계기가 되었기 때문이다.

플랜태저넷 왕조

　윌리엄 1세는 세 아들을 두었는데, 둘째 아들로 왕이 된 윌리엄 2세(William II)에 이어, 셋째 아들이 왕권을 물려받아 헨리 1세(Henry I)가 되었다. 그의 뒤를 이을 헨리의 장자 윌리엄 애덜린(William Adelin)이 익사하자, 그의 딸 마틸다(Matilda)와 프랑스의 앙주 백작(Count Geoffrey of Anjou: Plantagenet은 Geoffrey의 별명이자 가문의 문장 표시인 금작화 가지에서 유래함) 사이에서 태어난 손자가 헨리 2세(Henry II)로 왕권을 승계받았다. 이렇듯 플랜태저넷 왕조(House of Plantagenets)는 노르만 핏줄과 프랑스 핏줄이 함께 섞여 만들어진 잉글랜드의 프랑스계 왕조이다(송원문 10-11).

헨리 2세는 잉글랜드 전역과 프랑스의 서부를 다스리던 대영주로, 중앙집권 체제를 확립하고 왕권을 강화했다. 하지만 그 와중에 세력이 비대해진 교회와 충돌을 빚기도 했다. 1162년 헨리는 심복으로 여기던 친구 토마스 베케트(Thomas Becket)를 캔터베리 대주교로 임명했으나, 그가 왕보다는 교회에 더 많은 충성심을 보이자, 1170년 캔터베리 대성당 내에서 베케트를 암살하는 참극을 벌였다. 이 사건 이후 베케트는 순교자로 추앙받았으며, 캔터베리 대성당은 영국인이 즐겨 찾는 성지순례의 명소가 되었다.

또한 헨리 2세는 통치권을 강화하고 혼란스런 법질서를 바로잡고자 강력한 사법개혁을 추진했다. 즉, 오늘날 영국 헌법의 기초가 된 보통법(Common Law: 관습, 전통, 판례 등에 근거한 법)을 제정하고, 국왕 법정(Court of King's Bench)의 권위를 높이기 위해 배심원 제도를 도입했다.

헨리 2세의 뒤를 이은 리처드 1세(Richard I)는 전쟁터에서 용맹스럽고 무자비했으며, 강인한 사자의 심장을 가졌다 하여 '사자왕(The Lionheart)'으로 불렸던 중세 기사의 전형이었다. 그는 명성에 걸맞게 국정은 측근들에게 맡기고 십자군 원정(Crusades, 11세기~14세기)을 떠났다. 그의 동생 존(John)은 형이 원정을 떠나자마자 배신했으며, 프랑스의 왕 필리프 2세(Philippe II, 1180~1223)와 비밀리에 손을 잡고 스스로 왕이 되고자 했다. 또한 원조의 대가로 프랑스에 있는 가문의 노른자위 영지들을 필리프 왕에게 넘겨주기도 했다.

1199년 리처드 왕이 급사하자 존이 왕위에 올랐다. 하지만 실지(失地) 회복을 위한 가혹한 정책과 실정은 국민들을 큰 도탄에 빠트렸다. 따라서 존의 왕국은 의적(義賊) 로빈 후드(Robin Hood, Robert of Loxley)의 배경이 되었으며, 로빈 후드가 셔우드 숲(Sherwood Forest)에 숨어 지내면서 부자들의 재물을 털어 가난한 사람들을 구제한 것도 바로 이때였다.

한편, 실지왕(失地王)으로 불렸던 존 왕의 폭정과 자의적 권력에 불만을 품은 40명의 귀족이 1215년 6월 15일 런던과 윈저 성(城) 사이에 있는 러니미드(Runnymede) 평원에서 왕으로 하여금 왕권을 제한하는 63개 조항에 서명토록 했는데, 이것이 바로 법에 의한 자유의 상징인 「마그나 카르타(Magna Carta)」, 즉 「대헌장(Great Charter)」이다.

이는 유럽에서 군주의 권력을 제한한 최초의 사건으로 민주주의 역사에서 중요한 사건이다. 군주의 권력을 제한하는 이러한 전통은 이후 청교도 혁명(Puritan Revolution, 1642~1660)에서 좀더 과격한 방식으로 실현되었으며, 이어 명예혁명(Glorious Revolution, 1688)에서 완성됨으로써 영국의 입헌군주제가 확립되었다(김현숙 93).

　본래 라틴어로 쓰인 「대헌장」은 처음에는 귀족들의 언어인 프랑스어로 번역되었고, 그 후에 영어로 번역되었다. 세금과 상속, 공정한 재판, 개인의 권리와 자유에 관한 내용 등을 담고 있는 이 「대헌장」은, 절대 왕권을 의회와 법률에 따라 행사할 수 있도록 명문화함으로써 왕권에 대한 견제의 기능을 했을 뿐 아니라, 미국 등 수많은 자유민주주의 국가의 헌법 제정에 지대한 영향을 미쳤다. 또한 18세기 미국의 독립 운동가들로부터 20세기 넬슨 만델라에 이르기까지 수많은 사람들이 「대헌장」에 의지하여 자신들의 행동을 정당화했다. 실로 「대헌장」은 근대법의 기초이자 위대한 문서라 할 수 있다.

에드워드 1세(Edward I, 1272~1307)의 팽창주의

존 왕이 죽은 뒤 그의 아들 헨리 3세(Henry III)가 아홉 살의 어린 나이에 왕위를 계승했다. 헨리는 1227년부터 친정을 시작하면서 국고를 늘리기 위해 「대헌장」의 조항을 무시한 채 병역 면제 세를 중복으로 과세했으며, 왕비의 친척인 프랑스인을 대거 불러들여 중요 관직에 임명하고 총애했다. 또한 아버지 존 왕과 마찬가지로 왕권을 제한하는 「대헌장」을 인정하려들지 않았다. 이는 귀족들의 불만을 샀다.

결국 1258년 4월, 옥스퍼드에서 대자문회의가 열렸다. 귀족들은 왕을 압박해서 왕권을 제약하는 각종 개혁안의 승인을 받아냈는데, 이것이 바로 「옥스퍼드 조례(Provisions of Oxford)」이다. 이는 「대헌장」을 이은 성문 헌법으로 정기적인 의회 소집을 규정했다는 점에서 중요한 역사적 의의를 지닌다.

하지만 헨리는 왕권에 맞선 귀족들을 용서할 수 없었다. 아버지 존이 그랬듯 귀족들 앞에서는 무릎을 꿇고, 뒤에서는 배신을 했다. 자신에게 맞선 귀족들을 처단하기 위해 헨리는 친위대를 결성했으며, 급기야 1262년에는 「옥스퍼드 조례」를 취소하는 명령을 내렸다. 이에 분노한 시몽 드 몽포르(Simon de Montfort: 헨리 3세의 여동생 엘레노어[Eleanor of England]의 남편으로 프랑스계 귀족)는 귀족들과 합세하여 반란을 일으켰다. 1264년 5월, 귀족 연합군은 루이스 전투(Battle of Lewes)에서 왕실 친위대를 격파하고 헨리 3세와 그의 아들 에드워드를 포로로 붙잡았다. 그리고 시몽 드 몽포르를 우두머리로 한 귀족 연합은 잉글랜드의 실질적인 통치자가 되었다.

1265년 1월, 시몽 드 몽포르는 국사를 논의하기 위해 국왕의 이름으로 런던에서 의회를 소집했다. 이 의회는 120명의 성직자와 23명의 귀족 대표 이외에도 각 주(shire)에서 선출된 2명의 기사 대표와 각 도시와 성읍(borough)에서 선출된 2명의 시민 대표가 참여했다. 이는 영국 최초의 의회로 훗날 '시몽 드 몽포르 의회'라 불렸다. 처음에 그들은 옵서버에 불과했다. 그러나 국민을 대표하는 사람들이 의회에 모여 정책에 대한 설명을 듣고 논의하는 관습이 생겨났다. 이 작은 출발이 세월과 함께 발전해 오늘날의 대의민주주의로 자리 잡게 되었다.

그러나 몽포르의 새 정치 실험 기간은 짧았다. 헨리 3세의 장남 때문이다. 훗날 에드워드 1세로 즉위하게 될 왕자는 아버지와 달랐다. 왕자에게는 강철 같은 의지와 탁월한 재능이 있었다. 루이스 전투에서 포로로 사로잡혔던 에드워드는 마침내 탈출하여 새로운 왕당파 군대를 만들었다. 1265년 8월 4일, 왕당파 군대와 몽포르의 군대는 우스터셔(Worcestershire)의 이브샴(Evesham)에서 마주쳤다. 15개월 만에 승자와 패자가 바뀌었다. 에드워드 왕자는 고모부 몽포르의 주특기인 빠른 이동과 강한 압박 전술을 모방해 승리를 쟁취했다. 몽포르는 전사했고, 왕자는 권력을 되찾았다. 몽포르의 정치 실험은 조카 에드워드 1세에게 계승되었다.

에드워드 1세는 통치자의 자질과 무인(武人)의 기질을 동시에 갖추고 있었으며, 이전의 어떤 국왕보다도 왕권을 강화했다. 35년간의 통치기간 동안 에드워드는 잉글랜드의 민족주의를 주창하고 팽창주의를 천명하면서 웨일스를 침략했다. 결국 웨일스는 더 이상 왕이 존재할 수 없고 잉글랜드에게 충성을 바쳐야 하는 신세로 전락했다. 또한 에드워드는 자신의 아들을 '웨일스 왕자(Prince of Wales)'로 칭함으로써 통치권자의 지위를 확고히 했는데, 이 사건 이후 영국의 왕세자는 오늘날까지도 '웨일스 왕자'로 불리고 있다.

에드워드의 팽창정책은 스코틀랜드로까지 확산되었다. 에드워드는 스코틀랜드를 정복한 뒤, 정복의 상징으로 스코틀랜드의 역대 국왕들이 대관식을 거행할 때 사용하던 '스콘(운명)의 돌(The Stone of Scone, The Stone of Destiny)'을 강탈함으로써, 스코틀랜드인의 자존심에 치명적인 상처를 입혔다. 또한 에드워드는 스코틀랜드인의 완강한 저항에도 결코 굴하지 않고 무자비하게 보복했기 때문에, 일명 '스코트족의 망치(The Hammer of Scots)'로 불렸다.

1295년 11월, 프랑스·스코틀랜드, 웨일스와의 전쟁을 위한 군비를 마련하기 위해 에드워드는 헨리 3세 때부터 시험적으로 운영되어오던 의회(Parliament: '말하다'라는 뜻의 프랑스어 'parler'에서 유래했으며, 처음에는 대화나 협상을 의미하는 단어였으나 훗날 정치가들의 담판이나 변론 또는 회의를 뜻하는 말로 바뀜)를 정식으로 소집했는데, 이는 '모범 의회(Model Parliament)'로 불렸으며, 이를 계기로 영국의 의회 제도가 정식으로 탄생하게 되었다. 당시 의회 제도의 주된 기능은 입법이었으며, 국왕은 세금을 징수하려면 반드시 의회의 동의를 얻어야만 했다. 의회의 탄생은 영국 정치사에서 획기적인 일로, 이후 영국 정치의 양상을 완전히 바꾸어놓았다(맥세계사편찬위원회, 57-60).

　　중세의 잉글랜드에서는 국가적인 재난도 여러 차례 발생하여 나라를 극도의 혼란에 빠트렸다. 1337년 잉글랜드와 프랑스 사이에 영토분쟁 문제로 시작하여 이후 근 100년 동안 지속된 '백년 전쟁(The Hundred Years War, 1337~1453)'은 잉글랜드의 경제에 치명적인 영향을 미쳤다. 그런가 하면 1348년에는 이른바 '흑사병(Black Death, Bubonic Plague)'으로 알려진 전염병이 창궐하여 잉글랜드 인구의 약 1/3을 사망에 이르게 했으며, 1381년에는 '농민 봉기(Peasants' Revolt)'가 일어나 농민의 지위 향상과 봉건제도 해체의 기폭제가 되었다.

백년전쟁이 끝나고 얼마 지나지 않아 랭커스터 가문(The House of Lancaster)과 요크 가문(The House of York) 사이에 이른바 '장미전쟁(The Wars of the Roses, 1455~1485)'이라 불리는 권력투쟁이 시작되었다. '장미전쟁'이라는 명칭은 19세기 영국의 소설가 월터 스콧(Walter Scott)이 랭커스터 가문의 문장(紋章)이 붉은 장미이고, 요크 가문의 문장이 흰 장미인 점에 착안하여 부른 것으로부터 유래한다. 30년 동안 지속된 이 전쟁은 랭커스터 가문의 헨리 튜더(Henry Tudor)가 요크 가문의 리처드 3세(Richard III)를 죽이고 요크 가문의 엘리자베스(Elizabeth)와 결혼함으로써 끝이 났다. 이어 헨리 튜더는 헨리 7세(Henry VII)가 되면서 튜더 왕조(The Tudor Dynasty, 1485~1603) 시대를 열었다.

백년전쟁과 장미전쟁을 거치면서 잉글랜드 국민이 겪었던 고초는 이루 형언할 수 없었지만, 이 두 전쟁이 잉글랜드의 역사에서 중요한 변화의 계기를 몰고 온 것도 사실이다. 두 번의 전쟁을 거치면서 영주들은 자산 탕진으로 인해 세력이 약화된 반면, 상업의 발달로 인해 상인 계층이 새로이 부상하면서 세력을 과시하게 되었기 때문이다. 이들 신흥 상인 계층이 튜더 왕조를 지지하기 시작하면서, 지방 영주가 득세하던 봉건주의 시대가 막을 내리고, 왕을 정점으로 권력이 집중되는 절대왕정의 시대가 막을 열었다.

16세기

튜더 왕조는 장미전쟁을 종식시킨 헨리 7세(Henry VII, 1485~1509)로부터 시작하여, 헨리 8세(Henry VIII, 1509~1547)·에드워드 6세(Edward VI, 1547~1553)·메리 1세(Mary I, 1553~1558)를 거쳐, 엘리자베스 1세(Elizabeth I, 1558~1603)의 사망과 더불어 끝이 난다. 흔히 튜더 왕조 시대, 엘리자베스 시대, 르네상스 시대 등의 다양한 명칭으로 불리는 영국의 16세기 역사는, 국운이 왕성하고 국민적 통합을 이룸으로써 향후 중앙집권적 근대국가로 발전할 수 있는 초석을 놓았던 황금기이자, 국민의식과 자신감이 충천하던 시기로 평가하고 있다.

헨리 7세의 치세

헨리 7세는 뛰어난 지도력으로 중앙집권체제를 확립함으로써 튜더 왕조가 발전할 수 있는 토대를 닦았다. 헨리는 전쟁을 피하고 대양(大洋)으로의 진출과 식민지 개척에 눈을 돌림으로써 해외무역의 기회를 확대하는 한편, 항해법(Navigation Act, 1489)을 시행함으로써 잉글랜드를 해양국가로 부상시키는 데 일조했다. 내치(內治) 면에서는 새로운 정부기구가 아니라 기존 기구의 효율을 극대화함으로써 왕권 강화를 도모했고, 튼튼한 재정확보를 통해 국가 안정의 기틀을 마련했다. 헨리의 이러한 정책은 잉글랜드가 유럽에서 제일 먼저 중앙집권적 근대국가로 발전할 수 있는 길을 예비하는 초석이 되었다.

또한 헨리는 국가의 안정을 위해서는 법 제정과 운영이 중요하다고 생각하여 플랜태저넷 왕조 시대의 '추밀원(Privy Council: 법률가, 성직자, 젠트리[gentry]로 구성된 대자문회의)'을 새롭게 구성 및 운용하여 권력의 구심점인 왕권을 중심으로 정치적 안정을 도모했으며, '성실재판소(The Court of Star Chamber, 성실청: 웨스트민스터 궁전의 천장에 있는 별 모양의 장식이 있는 방의 이름으로부터 유래함)'의 설치, 중앙정부가 임명하는 치안판사 제도의 활성화 등과 같은 사법기능의 강화와

개선을 통해 15세기 동안 혼란으로 인해 극도로 어지럽혀
진 법질서를 확립했다. 또한 귀족들의 사병 소유를 금지했으
며, 세법의 개정과 엄격한 세금 징수를 통해 왕실의 재정을
튼튼히 했다. 대외정책도 성공을 거둬 1541년에는 아일랜
드 의회로부터 아일랜드의 왕으로 인정받는 조치를 취하고,
자신의 딸 마거릿(Margaret)을 스코틀랜드의 왕 제임스 4세
(James IV)와 정략결혼을 시킴으로써 스코틀랜드와 협조관계
를 유지했다(김현숙 106).

헨리 8세의 종교개혁과 왕권강화

헨리 7세의 뒤를 이은 헨리 8세는 관료제도를 확립하고,
교회 권력을 왕권에 복속시킴으로써 왕권을 강화했으며, 영
국 해군(Royal Navy)의 창설과 증강을 통해 장차 다가올 황금
기(엘리자베스 1세의 치세 기간)의 기틀을 마련했다.

헨리 8세는 튜더 왕조를 시작한 헨리 7세의 둘째 아들로,
형이 요절하자 아버지의 뒤를 이어 잉글랜드의 왕으로 즉위
했다. 그는 다혈질이자 호색한(好色漢)이었으며, 당당한 풍채
를 자랑하는 만능 스포츠맨이었다. 치세 초반에는 가톨릭을
옹호하고, 14세기에 존 위클리프(John Wycliffe, 1320~1384) 이

후 활력을 얻기 시작한 종교개혁을 강력히 억압했지만, 기독교 역사에서 로마 교황청과 대립한 왕으로 더 잘 알려져 있다. 재위기간 동안 강력한 절대 왕권을 휘두르고, 영국 기독교의 역사를 바꾸었으며, 여섯 명의 왕비(캐서린[Catherine of Aragon], 앤 불린[Anne Boleyn], 제인 시모어[Jane Seymour], 앤 클리브즈[Anne of Cleves], 캐서린 하워드[Catherine Howard], 캐서린 파[Catherine Parr])를 맞이하는 등 영국사에서 무수한 화제를 남긴 군주이다.

헨리 8세의 형 아서(Arthur)는 죽기 전에 스페인의 공주였던 캐서린(Catherine of Aragon)과 결혼한 상태였는데, 헨리는 당시 강대국이었던 스페인과의 관계를 고려하여 과부가 된 형수 캐서린과 정략결혼을 했다. 캐서린이 딸 메리(Mary)의 출산 이후 아들을 낳지 못하던 중, 캐서린 왕비의 시녀였던 앤 불린이 임신을 하자, 헨리는 아들을 얻기 위한 명분으로 로마 교황에게 이혼을 청구했다. 하지만 로마 교황 클레멘트 7세가 가톨릭 국가인 스페인의 눈치를 살피면서 이혼을 허락하지 않자, 헨리 8세는 의회의 권고에 따라 잉글랜드 교회를 로마 가톨릭 교회에서 분리하는 종교개혁을 단행했다. 1534년 의회는 잉글랜드 교회에 대한 교황의 권리를 폐지하고, 헨리 8세를 잉글랜드 국교회(The Church of England, The Anglican Church, 성공회)의 수장으로 임명하는 이른바 '수장령

(The Act of Supremacy)'을 통과시켰다. 이로써 종교개혁 시대의 막이 올랐으며, 헨리 8세는 종교개혁을 계기로 잉글랜드와 아일랜드에 있는 수많은 가톨릭 수도원을 해산한 뒤, 토지와 재산을 몰수하여 국가 재정을 튼튼히 하는 데 활용했다.

그는 종교정책 이외에도 웨일스, 스코틀랜드, 아일랜드의 지배와 방어를 강화하고 여러 차례 대륙에 출병하였다. 그 결과 1536년에는 '연합법(The Tudor Acts of Union)'의 제정을 통해 웨일스 의회를 잉글랜드 의회와 통합하고, 웨일스인으로 하여금 영어를 공용어로 쓰도록 강요하는데 성공했다.

헨리는 여섯 명의 왕비 중 두 명의 왕비(앤 불린, 캐서린 하워드)와 울지(Thomas Wolsey), 크롬웰(Thomas Cromwell), 모어(Thomas More) 등과 같은 시종과 공신들을 처형하고 왕실에 대한 비판을 금지하는 등 잔인한 면도 있었으나, 중앙집권 체제를 확립하고 부왕이 쌓은 절대왕정을 강화하는 데 크게 기여했다.

1547년 헨리 8세가 세상을 떠나자 그의 유일한 아들이었던 병약한 에드워드(Edward VI, 1547~1533)가 즉위했다. 하지만 6년 뒤 에드워드 6세가 16세의 젊은 나이로 세상을 떠나자, 캐서린 왕비의 딸이자 가톨릭을 신봉했던 메리가 왕위에 올랐다. 독실한 가톨릭교도였던 메리 1세는 가톨릭을 부활시키고, 300여 명에 달하는 신교도를 이단자로 몰아 화형에 처하는 등 피비린내 나는 종교보복을 단행함으로써 '피의 메리(Bloody Mary)'라는 별명을 얻기도 했다. 그녀는 가톨릭의 수호국인 스페인의 국왕 펠리페 2세(Felipe II)와 정략결혼을 했지만 후사를 남기지는 못했다. 따라서 왕위에 오른 지 겨우 5년 뒤인 1558년 메리 1세가 세상을 떠나자, 앤 불린의 딸이었던 엘리자베스가 왕위에 올라 잉글랜드의 황금시대를 열었다.

엘리자베스 1세의 치세

엘리자베스 1세는 헨리 8세와 그의 두 번째 왕비 앤 불린 사이에서 태어난 딸로, 영국사에서 가장 위대한 군주들 가운데 하나로 평가되고 있다. 그녀는 음모와 암투가 난무하던 재위기간 동안, 지혜와 관용으로 어려운 정치적·종교적 현안들을 노련하게 처리하여 향후 대영제국의 기초를 튼튼히 다졌다. 한때 그녀는 전쟁에 임박하여 "나는 연약한 여자이지만, 강인한 잉글랜드 왕의 심장과 위(胃)를 가지고 있다"고 병사들에게 말한 바 있다. 그녀는 "짐은 영국과 결혼했다"라고 선언한 뒤, 평생 결혼을 하지 않았으며, 결혼의 가능성을 외교적 무기로 최대한 활용했다. 따라서 그녀는 '처녀 여왕(The Virgin Queen)'으로 불렸으며, 후일 미국의 '버지니아(Virginia)' 주(州)도 그녀의 별명을 본떠서 명명되었다.

엘리자베스 1세는 종교적 갈등과 정파 간의 정쟁을 유산으로 물려받았으나, 성공회가 잉글랜드의 국교임을 재확인하고 잉글랜드 교회의 수장이 되었다. 또한 현실적으로는 관용적 종교정책을 취함으로써 국교회, 청교도(Puritanism), 로마 가톨릭 세력 간의 균형을 맞추기 위해 노력했다(김현숙 107).

따라서 집권 초기에는 몇 차례의 위기와 반란이 있기는 했지만, 여왕의 치세 기간은 대내적으로 비교적 안정과 평온의 시기였다.

대외적으로는 실리적 외교 전략과 결혼을 외교적 무기로 최대한 활용하여 주변국들 간의 갈등을 봉합함으로써 국가의 안정을 도모했다(김현숙 107).

또한 막강한 해군력을 바탕으로 1588년 스페인의 무적함대(The Spanish Armada)를 격파하고, 해양 탐험과 교역로의 확대, 식민무역과 식민지 개척 등을 통해 정치적, 군사적, 경제적으로 대국의 지위를 확보함으로써, 향후 대영제국(British Empire) 건설의 토대를 마련했다. 엘리자베스의 치세 기간 동안 화려하게 꽃피웠던 문학과 문화는 이러한 정치적 안정과 경제적 번영의 결과였다.

17세기

스튜어트 왕조

종교개혁(Reformation), 인본주의(Humanism), 르네상스 (Renaissance) 등으로 요약되는 영국의 16세기 역사는 처녀왕 엘리자베스 1세가 1603년 후사 없이 세상을 떠나자 막을 내 리고, 당시 스코틀랜드의 왕이었던 제임스 6세(James VI)가 잉글랜드의 왕으로 추대되어 제임스 1세(James I, 1603~1625) 로 등극함으로써 스튜어트 왕조(The Stuart Dynasty)가 시작되 었다. 따라서 제임스 1세는 웨일스를 포함한 잉글랜드와 스 코틀랜드가 통합된 그레이트브리튼 왕국의 맨 처음 왕이 됨으로써 연합왕국으로 가는 길을 열었다.

제임스 1세는 왕권신수설(The Divine Right of Kings)을 신봉하면서 왕권 강화정책을 추진했지만, 종교적 갈등에서 비롯된 정치적 불안으로 인해 내정이 어수선했다. 한편, 국교회 내의 혁신파인 청교도(Puritan)들은 형식적 예배의식을 고수하는 잉글랜드 국교회의 개혁과 의회의 권한 확대를 계속 요구했다. 하지만 제임스 1세는 왕권신수설을 내세워 번번이 이를 거부했다.

스튜어트 왕조 치하에서 왕실과 의회간의 불화는 끊이질 않았으며, 1625년 제임스 1세의 차남 찰스 1세(Charles I, 1625~1649)가 즉위하자 왕실과 의회의 대립은 더욱 격화되었다. 찰스 1세는 낭비벽이 심했으며, 스코틀랜드의 정벌 등에 국고를 탕진했고, 세금을 통해 이를 만회하고자 했다. 마침내 의회는 1628년 왕의 자의적인 권력행사를 제한하는 내용의 권리청원(權利請願, The Petition of Right)을 승인토록 함으로써 의회의 권능을 강화시키고자 했다. 하지만 찰스 1세는 의회를 해산시킨 뒤, 1629년부터 1640년까지 장장 11년 동안 의회 없이 통치하면서 세금을 대폭 인상함으로써 의회와의 관계를 악화시켰다.

권리청원은 1628년 의회가 찰스 1세의 승인을 받아 쟁취한 인권선언이다. 이는 「대헌장」의 재현이자 보다 발전된 문서로서, 의회의 동의 없는 과세, 정당한 이유 없는 구금,병사의 민가 숙영 금지 등을 규정하고 있으며, 이후 내란(The Civil War, 청교도 혁명)의 직접적인 원인이 되었다. 또한 권리청원은 주권이 국왕으로부터 의회로 옮겨지는 첫걸음이 되었으며, 「대헌장」, 권리장전 등과 함께 영국 헌정사에서 중요한 의의를 지닌다.

내란과 공화정

왕과 의회의 갈등은 급기야 1642년 국왕을 지지하는 왕당파(Royalists, Cavaliers)와 국왕에 반대하는 의회파(Roundheads) 간에 내란을 유발시켰다. 내란 초반에 의회군은 패전을 거듭하며 왕당파 군대에 연이어 패했다. 왕당파 군대는 정예군인데 반해 의회군은 갑작스레 꾸려진 임시 군대였기 때문이다. 이러한 국면을 전환하기 위해 당시 의회파의 지도자였던 올리버 크롬웰(Oliver Cromwell)은 기병대를 조직했다. 그의 기병대는 규율이 엄하고 용맹스러웠으며 갑옷으로 무장했기 때문에 '신모범군(New Model Army)' 또는 '철기대'라 불렸으며, 의회파는 신모범군의 활약에 힘입어 내란 중반부터는 승기를 잡기 시작했다.

1648년 12월, 크롬웰의 병사들은 의회를 기습하여 온건파 의원 약 2백 명을 내쫓거나 감옥에 가두었다. 따라서 크롬웰을 지지하는 1/3 정도의 의원들만 남아 의회를 운영했는데, 이를 '잔부의회(殘部 議會, Rump Parliament)'라 부른다. 잔부의회는 크롬웰의 꼭두각시로서 포로로 잡아놓고 있던 찰스 1세의 재판을 주도했다. 말이 재판이었지 왕을 처형하기 위한 요식행위였다.

1649년 1월 30일, 찰스 1세의 목에 도끼가 내리쳐졌다. 그의 할머니인 메리 스튜어트를 비롯하여 처형당한 군주는 이전에도 있었으나, 자국민의 손으로 적법하게 즉위한 국왕을 처형한 일은 역사상 처음이었다. 전 유럽의 왕실이 이 엄청난 사건에 전율했다. 내란은 결국 의회파의 승리로 끝이 났다.

이후 군대의 지지를 받는 크롬웰은 1653년 공화정을 세우고, 이른바 '통치장전(Instrument of Government)'이라는 새로운 헌법을 공표한 뒤 '호국경(Lord Protector)'으로 취임했다. 이때부터 크롬웰은 잉글랜드의 내정, 외교, 군사, 입법을 모두 장악하는 최고 통치자가 되어 신권정치(Theocracy, 神權政治)에 버금가는 군사 독재정치 체제를 구축했다.

이 시기에 크롬웰은 청교도적 율법에 따라 공화정을 엄하게 통치했기 때문에 당시 영국의 문화는 큰 변혁을 겪게 되었다. 모든 극장은 폐쇄되었으며, 공연과 오락, 음주와 가무는 철저히 금지되었다.

왕정복구

1658년 크롬웰이 죽자 그의 아들 리처드 크롬웰(Richard Cromwell, 1658~1659)이 후계자가 되었다. 하지만 의회는 1660년 리처드를 실각시킨 후, 당시 프랑스로 망명해 있던 찰스 1세의 아들을 불러들여 찰스 2세(Charles II, 1660~1685)로 즉위케 함으로써 왕정을 복구했다. 그동안 크롬웰의 독재통치에 시달렸던 영국 국민은 새로운 왕이 전통적 질서를 회복시켜줄 것을 기대하며, 종소리와 축포, 꽃과 포도주로 축제를 벌이면서 새로운 왕을 열렬히 환영했다.

찰스 2세는 즉위하자마자 자유롭고 방종한 프랑스식 유흥문화를 복원하고 경직된 사회 분위기를 일소했다. 폐쇄되었던 극장들이 속속 문을 다시 열고, 프랑스식 오페라를 포함한 다양한 연극들이 공연되었으며, 커피 하우스(Coffee House)가 처음으로 생기는 등, 수도 런던은 점차 활기를 띠면서 번잡한 도시로 변모했다.

하지만 왕정복구(The Restoration) 이후 얼마 되지 않아 대역병(Great Plague, 1664~1665)이 창궐하여 하루에만 1,000여

명씩 런던 주민 총 7만여 명이 목숨을 잃었고, 1666년 9월 2일 오전 1시에는 빵집에서 시작된 런던 대화재(Great Fire of London)로 4일 동안 집과 상점 1만 3,200채, 세인트 폴 대성당(St. Paul Cathedral)을 비롯한 교회 87곳 등 런던 도심의 80퍼센트가 잿더미로 변해버렸고, 10만여 명이 살 곳을 잃는 등 대참사가 발생했다. 아이러니하게도 청교도들은 이를 신이 진노한 징표로 여겼다.

명예혁명과 권리장전

1685년 찰스 2세가 후사 없이 세상을 떠나자 그의 동생 제임스 2세(James II, 1685~1689)가 왕이 되었다. 제임스 2세는 의회를 무시하고 세금을 부과했으며, 절대군주제와 가톨릭의 복원을 시도하다 의회와 국민들로부터 지탄을 받게 되었다. 따라서 휘그당(The Whigs, Whig Party: 의회 쪽 의견을 옹호하는 파로 제임스 2세를 폐위 시키고자 했음)과 토리당(The Tories, Tory Party: 국왕 쪽 의견을 옹호하는 파로 왕의 특권을 인정하고자 했음)이 연대하여 제임스 2세를 축출하고, 네덜란드로 출가한 제임스의 신교도 딸 메리(Mary)와 그녀의 남편 오렌지 공 윌리엄(William, Prince of Orange)을 추대하여 메리 2세(Mary II,

1689~1694)와 윌리엄 3세(William III, 1689~1702)로 공동 왕위를 잇도록 했다. 이 사건은 피 한 방울 흘리지 않은 채 왕권 교체를 이루었다 하여 '무혈혁명(The Bloodless Revolution)' 또는 '명예혁명(The Glorious Revolution)'이라 불린다.

메리와 윌리엄이 공동으로 왕위에 오르자 의회는 1689년 왕이 전횡을 일삼지 못하도록 왕의 권한과 의무를 규정하는 법안을 만들었는데, 이 법안이 바로 영국 입헌군주제의 기초가 된 '권리장전(The Bill of Rights)'이다.

권리청원이 청교도혁명과 관련된 인권선언인데 반해, 권리장전은 명예혁명의 결과로 얻어진 인권선언이다. 권리장전은 제임스 2세의 불법행위를 12개 항목으로 열거하고, 의회의 동의 없는 법률의 제정이나 집행, 의회의 승인 없는 과세, 상비군의 징집과 군대의 유지, 지나친 보석금이나 벌금 및 형벌 등을 금지했으며, 국민의 자유로운 청원권, 선거 및 언론의 자유, 의회 소집의 정례화 등을 규정했다. 이러한 권리장전은 법률로 왕권을 제약하고, 정치적 논의와 활동의 축이 왕실에서 의회로 옮겨감으로써 의회가 중심이 되는 입헌군주제의 토대가 되었고, 절대주의를 종식시켰다는 점에서 큰 의의가 있다. 또한 영국의 권리장전은 미국의 독립선언 및 프랑스 혁명 등에도 지대한 영향을 미쳤다.

1694년 공동 군주였던 메리가 세상을 떠나자 윌리엄

이 유일한 왕이 되었다. 하지만 그 또한 몇 년 뒤에 죽음을 맞았고, 이어 제임스 2세의 차녀이자 윌리엄의 처제였던 앤(Anne)이 여왕이 되었다. 그녀의 통치기(1702~1714)였던 1707년에는 '연합법(The Act of Union)'이 통과되어 스코틀랜드 의회가 종식을 고하고, 잉글랜드, 웨일스, 스코틀랜드 3국이 역사상 처음으로 런던에 있는 단일 의회의 통치를 받는 '그레이트브리튼 연합왕국(The United Kingdom of Great Britain)'이 되었다. 이후 아일랜드와의 정식 합병은 또 다시 한 세기를 기다려야만 했다.

18세기

하노버 왕조

1714년 앤이 후사 없이 세상을 떠나자 앤 여왕을 끝으로 스튜어트 왕조도 끝이 났다. 따라서 왕권은 독일 하노버 공국의 통치자였던 조지에게로 넘어가 하노버 왕조가 시작되었다. 왕위에 오를 당시 54세였던 조지 1세(George I, 1714~1727)는 독일에서 태어나고 자라난 연유로 영어를 잘 구사하지 못했기 때문에 수상(The Prime Minister, PM)과 수상이 이끄는 내각정부(The Cabinet Government)에 통치를 위임했다. 즉, 하노버 왕조(The House of Hanover)시대에는 통치

권력이 절대왕정으로부터 의회 중심으로 옮겨감으로써 사실상 입헌군주제(The Constitutional Monarchy)와 의원내각제(Parliamentary Cabinet System)가 시작되었다.

산업혁명과 농업혁명

18세기 잉글랜드의 사회발전에 크게 기여한 것은 기술혁신과 기계화를 통해 일어난 산업혁명(The Industrial Revolution)과 농업혁명(The Agricultural Revolution)이다. 산업혁명은 인류 역사상 사회적·경제적·정치적·지적 조건들을 근본적으로 변화시킨 사건으로, 가내공업을 공장산업으로 대체함으로써 경제가 급격히 팽창한 사건이다(박지향 348-350).

1712년 토머스 뉴커먼(Thomas Newcomen)의 증기기관(steam engine), 1733년 존 케이(John Kay)의 플라잉 셔틀(flying shuttle: 직조 기계의 씨실을 넣는 장치), 1767년 제임스 하그리브스(James Hargreaves)의 다축방적기(多軸紡績機, spinning Jenny), 1769년 리처드 아크라이트(Richard Arkwright)의 수력(水力) 방적기, 1775년 사무엘 크럼프턴(Samuel Crompton)의 뮬 방적기(spinning mule), 1781년 제임스 와트(James Watt)의 신 증기기관(new steam engine), 1814년 조지 스티븐슨(George Stephenson)

의 증기기관차(locomotion) 등의 발명으로 인한 생산성 향상과 가내공업의 몰락으로 전통적으로 농업사회였던 잉글랜드의 사회구조가 송두리째 바뀌게 되었다.

이 시기에 일부 노동자들은 자신들의 삶이 기계에 의해 위협받고 있다고 여기면서 기계나 공장을 마구 파괴하기도 했는데, 이러한 집단적 기계 파괴 행위를 일명 '러다이트(Luddite: 노동 방식의 변화나 새로운 기계와 기술의 도입을 반대하는 사람) 운동'이라고 한다(김현숙 117-18).

한편, '인클로저(Enclosure) 운동'으로 특징지어지던 농업혁명으로 인해 농촌에도 급격한 변화가 찾아왔다. 봉건 영주와 귀족 등 토지 소유자들이 판매용 곡물이나 양을 키우기 위해 공유지(common land, 개방 경지)에 울타리를 치고, 공유지에 살던 영세 농민을 강제로 내쫓았는데, 이처럼 타인을 내쫓고 출입을 제한한다는 의미에서 '인클로저 운동'으로 불리게 되었다. 일찍이 영국의 정치가이자 인문주의자였던 토머스 모어는 인클로저 운동을 일컬어 "양이 사람을 잡아먹는다"고 비난한 바 있다. 인클로저 운동으로 인해 농경지가 목장으로 바뀌면서 농민들이 토지로부터 내몰렸기 때문이다.

인클로저 운동은 이처럼 잔인한 측면도 있었으나, 이후 수많은 인클로저 관련 법안들이 통과되면서 잉글랜드의 사회에 지대한 영향을 미쳤다. 인클로저 운동은 전통적 농업인구의 삶을 황폐케 하고, 도시의 인구집중과 같은 부작용을 초래한 것도 사실이지만, 과학적 영농기술과 자본주의 농경방식의 도입으로 잉글랜드 농업의 근대화를 촉진하고 자본주의의 토대를 마련함으로써, 잉글랜드가 '세계의 공장'으로 부상할 수 있는 길을 열었다는 점에서는 평가를 받을 만하다.

18세기 동안에는 농촌의 몰락과 도시의 획기적인 발전에도 불구하고, 경제적 부를 거머쥔 소수의 부유층이 시골지역에 광대한 토지가 딸린 1,000여 채 이상의 최고급 '컨트리 맨션(country mansion, 우아한 저택)'을 짓고·소유함으로써, 한껏 증대된 그들의 사회적 위세와 부를 과시하기도 했다.

18세기의 사상과 문학

'이성의 시대(The Age of Reason)' '상식의 시대(The Age of Common Sense)'로 통용되던 18세기는 존 로크(John Locke, 1632~1704)의 자연법사상, 뉴턴(Isaac Newton, 1641~1727)의 기계론적 우주관, 데이비드 흄(David Hume, 1711~1776)의 인식론(認識論), 루소(Jean Jacques Rousseau, 1712~1778)의 사회계약론, 토마스 페인(Thomas Paine, 1737~1809)의 상식론 등에 영향을 받아 이성의 힘과 인간의 무한한 진보를 믿고, 현존 질

서의 타파로 사회개혁을 꿈꾸던 합리주의와 계몽주의 사상이 흥행하던 시기였다. 이러한 사상은 문학에도 영향을 미쳐 그리스와 로마시대의 작가, 고전(古典) 작품, 전통과 법칙, 내용과 형식의 일치, 조화와 질서, 균형과 절제, 우아함과 품위, 간결성, 완성도, 정확성, 기교, 적정(decorum) 등을 중시하는 신고전주의(neo-Classicism) 문예사조를 등장시켰다. 이후 신고전주의는 존 드라이든(John Dryden)의 죽음으로부터 낭만주의(Romanticism)의 태동에 이르기까지 근 1세기 동안 지속되었다.

19세기

19세기 영국은 대표적인 선진 산업자본주의 국가이며, 의회민주주의 국가임과 동시에 제국주의 국가였고, 국력에 있어 세계 최고의 국가임과 동시에 빈부 격차가 가장 심한 국가였다. 19세기 영국의 영광은 그 이면에 가려진 하층민과 약소국의 희생이 있었기에 가능했다. 이 시기에 러디어드 키플링(Rudyard Kipling, 1865~1936) 같은 제국주의 시인은 "야만인을 길들이고 교화시키는 것이 신이 부여한 백인의 임무(The White Man's Burden)"라고 주장하며 제국주의를 옹호하는 시를 쓰기도 했다. 빛과 어둠의 시대, 영광의 이면에 잔혹한 착취를 숨기던 시대, 신사도(紳士道, gentlemanship)란 미명

(美名)하에 위선과 속물근성(snobbery)이 판을 치던 시대, 이 시대를 흔히 사람들은 '빅토리아 시대(The Victorian Age)'라 부른다. 빅토리아 시대는 1837년부터 1901년까지 영국의 빅토리아 여왕(Queen Victoria, 1819~1901)이 통치하던 64년의 기간을 뜻한다.

빅토리아 여왕의 등극

빅토리아 여왕은 조지 3세(George III)의 손녀딸로, 큰아버지 윌리엄 4세(William IV)가 사망하자 18세의 나이에 왕위에 올랐으며, 1840년 작센코부르크고타(Sachsen-Coburg und Gotha) 가문(家門)의 동갑내기 외사촌 앨버트 공(公)(Prince Albert, 1819~1861)과 결혼했다.

그녀는 성실·근면하고 신앙심이 깊었으며, 남편 앨버트 공에게 헌신하며 9명의 자녀를 잘 키워낸 현모양처였다. 여왕과 앨버트 공의 모범적인 부부생활, 근엄한 가정교육, 종교와 도덕에 바탕을 둔 고결한 삶 등은 영국 국민들의 귀감이 되었으며, 1980년대 대처 행정부(Thatcher Government)가 본받고자 했던 '빅토리아 시대 가치관(Victorian Values)'으로 자리매김하게 되었다.

독일 왕족 출신인 앨버트 공은 사업, 과학기술, 학예(學藝) 등에 조예가 깊었으며, 고결한 인격과 풍부한 학식으로 공사(公事)와 가정생활 등 여러 면에서 여왕을 보필했다. 앨버트 공은 때로는 여왕의 비서나 각료이기도 했으며, 어떤 때는 왕도(王道)를 가르치기도 하면서 '그림자 외조'에 힘썼다. 따라서 그녀가 국민의 여왕으로 추앙받을 수 있었던 것은 남편에게 힘입은 바가 크다.

1861년 앨버트 공이 지병으로 42세의 젊은 나이에 갑자기 세상을 떠나자, 여왕은 평생토록 그를 그리워하면서 독신으로 지냈다. 여왕은 슬픔에 잠긴 나머지 버킹엄 궁전에 칩거한 채 모든 국무(國務)에서 손을 떼는가 하면, 슬픔의 표시로 이후 40년 동안 검은 옷만 입었다. 하지만 그녀는 당시까지 영국의 군주들 가운데 가장 오랜 기간 재위하였고, '군림(君臨)은 하되 통치는 하지 않는다(Monarchs reign but they do not rule)'는 원칙을 지켰다.

19세기의 2/3에 해당하는 빅토리아 여왕의 재위 기간 동안 영국은 역사상 전무후무(前無後無)한 전성기를 누렸다. 이 시기에 영국은 그 어떤 나라도 감히 따라 올 수 없는 세계 최고, 최대, 그리고 최선의 국가였다. 대내적으로는 산업혁명과 과학의 발전에 힘입어 세계에서 가장 부강한 국가가 되었으며, 오랫동안 시행착오를 겪어오던 의회 민주주의도 양

당제가 뿌리를 내리면서 반석위에 올랐다. 대외적으로는 전세계 땅덩어리의 1/4 지역(3,300만 제곱킬로미터)에 광대한 식민지를 개척하여 '해가 지지 않는 제국(An Empire under the Sun)'으로 불렸다. 지구가 돌기 때문에 영국에 밤이 오더라도 세계 어딘가의 식민지는 낮이라는 이유에서 이런 별명이 붙여진 것이다.

1851년 런던의 하이드 파크(Hyde Park)의 수정궁(The Crystal Palace)에서 개최된 '만국 박람회(Great Exhibition)'는 하루가 다르게 발전해가는 선진기술과 산업문명을 대외적으로 과시함으로써 영국인의 민족적 자부심을 크게 고취한 행사였다. 이 박람회에는 인류 문명의 발전을 보여주는 10만여 개의 물품들이 전시되었는데, 이는 세계 각지에서 약 1만 4천명의 참가자들이 제공한 것으로 절반 이상이 영국 제품이었다. 이 박람회는 사통팔달로 뻗은 철도망 덕택에 141일동안 무려 600만 명의 관람객이 방문하는 대기록을 세웠다. 행사 마감 날 저녁, 32세의 빅토리아 여왕은 자신의 일기에 "영국 역사상 가장 성대하고, 아름다우며, 영예로운 날 이었다"고 기록했다(CCTV 다큐멘터리 대국굴기 제작진 265-66).

19세기 영국 사회의 변화

우선 19세기 초인 1800년에는 '연합법(The Act of Union)'에 의해 아일랜드 의회가 영국 의회에 합병됨으로써 '그레이트브리튼과 아일랜드 연합왕국(The United Kingdom of Great Britain and Ireland)'이 정식으로 출범했다.

영국의 넬슨 제독(Admiral Horatio Nelson)과 웰링턴 공작(Duke of Wellington)은 나폴레옹 전쟁(Napoleonic Wars, 1802~1815)의 진정한 영웅으로, 넬슨 제독은 1805년 '트라팔가르 해전(The Battle of Trafalgar)'에서 프랑스의 나폴레옹 함대를 격파했고, 1815년 웰링턴 공작이 이끄는 연합군은 '워털루 전투(Battle of Waterloo)'에서 나폴레옹 군대를 물리치고 최후의 승리를 거둠으로써 국가의 자긍심을 한껏 드높였다. 전쟁 중 영국은 군수물자를 제공하는 방식으로 전쟁에 개입했기 때문에, 전쟁이 끝나자 경제는 엄청나게 발전하여 유일무이한 산업대국이 되었다.

1829년에는 로버트 필(Robert Peele)이 경찰 제도의 창설을 통해 근대적 경찰 제도의 토대를 마련했다. 당시 로버트 필이 창설한 경찰력은 범죄를 줄이는 데 일조했으며, 이러한 연유로 경찰의 명칭도 로버트의 이름을 본떠서 '보비즈(Bobbies, Robert의 애칭)'로 불리게 되었다. 또한 1828년에는 정부관직 보유를 국교도에게만 국한시키는 '심사법 (The Test Act)'이 폐지되고, 1829년에는 '가톨릭교도 해방법 (The Catholic Emancipation Act)'이 통과됨으로써 비국교도와 가톨릭교도가 정부 관직에 발탁되거나 하원의원(Member of Parliament, MP)이 되는 길이 열렸다.

이 시기에는 사회제도의 개혁도 착착 진행되었다. 투표권 확대를 위해 1832년부터 시작된 '선거법 개정운동(The Great Reform Bill: 1차 1832년, 2차 1867년, 3차 1884년)'은 이후로도 지속되어, 1840년대에는 런던의 근로자 200만 명 이상이 서명한 보통선거 청원운동인 '인민헌장 운동(The Chartist Movement)'으로 발전했다. '인민헌장(People's Charter)'은 만 21세 이상 성인 남자의 보통투표권, 평등한 선거구, 의회의 매년 선거 실시, 비밀투표, 하원 의원 세비의 지급, 의원 출마자의 보유재산에 따른 자격제한의 철폐 등 총 6개 조항으로 이루어져 있다. 인민헌장 운동은 대중의 광범위한 지지를 받은 빅토리아시대 최대 규모의 대중정치운동이자, 선거권 쟁취운동으로 오늘날 까지도 영국인의 가슴속에 소중히 기억되고 있다(박지향 374).

1833년에는 9세 미만 아동의 고용을 금지하고 18세 미만 연소자의 노동시간을 제한하는 '공장법(The Factory Acts)'이 제정되었고, '노예제도 폐지법안(The Slavery Abolition Act)'의 통과로 비인간적인 노예제도가 폐지되었다. 1834년에는 엘리자베스 시대에 제정된 '구빈법(Poor Law)'이 새로운 산업사회 가치인 자조(自助)의 원칙에 따라 '신구빈법'으로 갱신되었다.

1846년에는 중세 때부터 시행되어오던 '곡물법(The Corn Laws)'이 '반곡물법연맹(Anti-Corn Law League)'의 압력에 의해 폐지되었으며, 1851년에는 로이터(Julius Reuter)에 의해 로이터 통신사가 설립되었고, 1863년에는 런던 지하철(London Underground)이 최초로 개통되었다. 이어 1868년에는 '노동자조합회의(The Trades Union Congress, TUC)'가 결성되었고, 1870년에는 의무교육제도가, 그리고 1872년에는 비밀선거제도가 도입되었다.

칼 마르크스(Karl Marx, 1818~1883)가 런던에 체류하면서 왕성한 작품 활동을 하고, 그가 주창한 사회주의(Socialism) 운동이 강력한 효력을 발한 것도 이 시기였다. 그 결과 1893년에는 최초의 사회주의자였던 키어 하디(Keir Hardie)가 하원 의원에 당선됨으로써 향후 노동당(The Labour Party) 창당의 토대를 마련했다.

종교적으로도 큰 변화가 있었다. 1830년대부터 1840년대에 걸쳐 뉴먼(John Henry Newman)과 매닝(Henry Edward Manning)이 주도한 '옥스퍼드 운동(The Oxford Movement)'은

옥스퍼드를 중심으로 일어난 영국 국교회 개혁운동으로, 국교회의 가톨릭주의 전통(가톨릭의 교리, 의식, 형식)을 강조한 신학운동이었다. 이는 향후 '고교회파(High Church)' 국교회 개혁운동으로 발전했다.

또 하나의 국교회 개혁운동은 '저교회파(Low Church)'로 불리던 복음주의자들이 존 웨슬리(John Wesley)의 가르침에 따라 실천하고자 했던 복음주의(Evangelicalism)이다. 복음주의자들은 질서, 인내, 금주, 검약, 순종 등의 덕목을 중시하고, 형식보다는 개인의 믿음과 감정을 강조하는 방향으로 개혁운동을 전개했다(영미문학의 길잡이 1, 257-58).

한편, 과학의 발달과 찰스 다윈(Charles Darwin)의 『종의 기원(*On the Origin of Species*, 1859)』 및 『인간의 기원(*The Descent of Man and Selection in Relation to Sex*, 1871)』 등의 출판은 인간의 존재에 대한 믿음을 송두리째 흔들어 놓음으로써 빅토리아인들이 이제껏 지켜온 신앙에 대해 회의(懷疑)를 품게 했다. 당대의 시인 매슈 아놀드(Matthew Arnold, 1822~1888)는 신앙심의 퇴조(退潮)에서 오는 불안과 회의를 「도버 해변(Dover Beach)」이란 시에서 다음처럼 담담하게 노래하고 있다.

The Sea of Faith

Was once, too, at the full, and round earth's shore

Lay like the folds of a bright girdle furled.

But now I only hear

Its melancholy, long, withdrawing roar,

Retreating, to the breath

Of the night wind, down the vast edges drear

And naked shingles of the world.

신앙의 바다는

한 때 꽉 들어차서 지구의 해변을

겹겹이 접힌 찬란한 띠 모양으로 감쌌지.

하지만 지금 들려오는 것은 다만

그것의 우울하고, 긴, 퇴조하는 포효 소리가

밤바람의 숨결을 타고

황량하고 드넓은 가장자리와

세상의 벌거벗은 조약돌 해변으로 물러가는 소리뿐이다.

20~21세기

윈저 왕조

1901년 빅토리아 여왕이 서거하자 그녀의 아들 에드워드 7세(Edward VII, 1901~1910)가 왕위를 계승했으며, 앨버트 공의 성(性)을 따서 에드워드 7세부터는 작센코부르크고타 왕조가 되었다. 하지만 그의 뒤를 이은 조지 5세(George V, 1910~1936)의 치세기인 1914년 제1차 세계대전이 발발하자, 조지 5세는 국민들의 반독일 정서를 감안하여 왕조의 명칭을 윈저 왕조(The House of Windsor, 1917)로 개칭하였다(김현숙 120).

제1차 세계대전

19세기 동안 세계의 초강대국이었고, 20세기 초까지만 해도 세계의 지도자 역할을 자임하던 영국이, 미국과 독일의 약진, 제1차 세계대전(World War I, 1914~1918), 세계 대공황, 식민지 독립운동 등을 겪으면서 점차 세력이 기울기 시작하더니, 급기야 영광의 자리를 미국에게 내어주어야만 했다. 또한 19세기 말에서 20세기 초까지 유럽의 복잡한 정치상황 속에서도 '영광스러운 고립(splendid isolation)'을 주장하며 해외 식민지 경영에만 주력하던 영국이, 남아프리카에서 '보어전쟁(The Boer War)'을 치르면서 결국 고립정책을 포기하게 되었다.

'보어전쟁'은 1899년부터 1902년까지 영국과 보어인들(The Boers: 대 항해 시대 이후 아프리카 남부로 이주해 온 네덜란드인들의 후예이며, '보어[boer]'란 네덜란드어로 '농민'이란 뜻임) 사이에 벌어진 전쟁으로 '남아프리카전쟁'이라고도 한다. 19세기 후반 영국은 남아프리카에서 케이프타운 식민지(Cape Town Colony)를 전초기지로 삼아 세력을 확장시켰고, 보어인들은 남아프리카의 북방에 트란스발 공화국(The Republic of Transvaal)과 오렌지 자유국(Orange Free State)을 세웠다. 영국과 보어인들 사이에 금광 등 이권 문제로 마찰이 생기자, 마침내 1899년 10월 양측 간에 전쟁이 시작되었다. 장기간의 치열한 전투 끝에 보어인들은 1902년 영국에 항복했고, 영국은 두 나라를 영국령 식민지로 쟁취함으로써 남아프리카를 완전히 정복했다. 하지만 영국의 희생도 매우 컸다. 영국은 이 전쟁을 통해 세계 여론의 집중적인 공격을 받았고, 대영 제국의 위상도 바닥으로 떨어졌다. 이제 영국인은 유럽 대륙에서 벌어지는 일들에 대해 더 이상 무관할 수가 없게 되었다.

20세기로 접어들자, 영국은 제국을 거느린 유일한 나라가 아니었다. 프랑스, 독일, 벨기에, 오스트리아, 헝가리, 이탈리아 등이 제국에 버금갈만한 세력을 키워오고 있었기 때문이다. 따라서 영국은 19세기에 그랬던 것처럼 더 이상 세계시장을 마음대로 주무를 수 있는 위치가 아니었으며, 독일이 경제 대국으로 빠르게 부상하고 있었다. 유럽 강대국들 간에 경쟁은 급기야 1914년 세계 역사에서 가장 참혹한 제1차 세계대전을 유발케 했다. 전쟁이 발발하자 영국은 연합군(The Allies: 영국, 프랑스, 러시아, 이탈리아, 미국)의 일원으로 참전하여 동맹국(The Central Powers: 독일, 오스트리아-헝가리, 터키)에 대항하여 싸웠으며, 전쟁이 끝난 뒤 파리 강화 회의(Paris Peace Conference, 1919)와 베르사유조약(The Treaty of Versailles, 1919)에 따라 '국제연맹(The League of Nations)'의 창설에 주도적인 역할을 했다(김현숙 123).

'국제연맹'은 제1차 세계대전에서 승리한 연합국을 주축으로 국제 평화와 안전을 유지하고, 경제적·사회적 국제협력을 증진시킨다는 목적으로 1920년에 결성된 국제단체이다. 설립 구상은 대전 중에 영국과 프랑스에서 이미 진행되었으나, 미국 대통령 토머스 윌슨(Thomas Woodrow Wilson)이 1918년 1월 〈평화를 위한 14개 조항〉을 제창하면서 표면화되었다. 1919년 1월에 개최된 파리 강화회의(파리 평화회의)에서 집단안보와 국제분쟁의 중재, 무기감축, 개방외교를 원칙으로 하는 연맹의 규약을 정하고, 본부를 스위스의 제네바에 두었다. 하지만 미국이 가입하지 않았고, 독일, 이탈리아, 일본에서 대두된 파시즘(Fascism)의 발흥을 막을 수가 없어서 결국 와해되었다. 그럼에도 불구하고 1946년 국제연합(The United Nations, UN) 결성의 토대 역할을 했다.

1914년부터 1918년까지 5년 동안 지속된 제1차 세계대전은 참호전, 기관총, 화학무기, 야간 포격, 탱크 등의 출현으로 이전에 미처 겪어보지 못했던 가장 참혹한 전쟁이었으며, 대량살상으로 인해 수많은 희생자가 발생했다. 영국군만 해도 100만 명 이상의 사상자를 냈으며, 영연방 전체의 희생자 수는 수백만 명에 달했다. 철도와 광산에서는 연이어 파업이 발생했고, 정치 불안으로 인해 불과 5년 만에 네 번의 총선이 치러졌으며, 영국 정치사에서 처음으로 권력이 노동당으로 넘어감(1924년)으로써 영국의 정치권에 일대 지각변동이 일게 되었다. 1926년에는 총파업(The General Strike)으로 인해 전국이 마비상태에까지 이르렀으나 노동자의 요구사항은 관철되지 못했고, 이들은 전보다 더욱 열악한 노동환경으로 복귀해야만 했다.

1929년부터 시작된 뉴욕 증권시장 폭락의 여파가 유럽으로 확산되자, 영국에서도 1930년대에 대공황(The Great Depression)이 시작되었다. 300만 명 이상이 일자리를 잃고 한정된 실업수당만으로 궁핍하고 비참한 생활을 영위해야만 했으며, 사회적 불안과 불신이 팽배했다. 1936년에는 에드워드 8세(Edward VIII)가 이혼 경력이 있는 미국인 여성 심슨 부인(Wallis Simpson, 1896~1886)과 결혼하기 위해 왕위를 포기하는 사태(1936년 12월 3일 에드워드가 라디오 방송에서 밝힌 자신의 심경: "나는 사랑하는 여인의 도움과 지지 없이는 왕으로서의 의무를 다 할 수가 없고, 또한 그 무거운 책무를 짊어질 수도 없다")가 벌어져 왕실이 큰 충격에 빠졌으며, 왕위는 에드워드의 동생 조지 6세(George VI, 1936~1952)에게로 넘어갔다. 당시 노동당과 제휴한 보수당 연립정부(The National Coalition Government)도 당면한 사회·경제적 문제를 해결하지 못했다. 하지만 이 시기에 한 가지 다행스러운 점은, 전쟁 중 여성들이 쏟았던 노력과 공로가 십분 인정되어 유럽 최초로 여성에게 참정권이 부여되었다는 점이다(1918년에는 30세 이상 여성에게 선거권 부여, 1928년에는 21세 이상 여성에게 선거권 부여).

제1차 세계대전은 단순히 전쟁의 차원을 넘어 서구의 정신문화에 엄청난 충격과 상처를 남겼을 뿐 아니라 기존의 사회 질서와 가치체계에 환멸을 느끼게 했다. 따라서 20세기의 혼란스런 시대상황은 인간의 존재의미에 대한 회의, 인간성과 도덕의 문제, 허무주의(Nihilism), 사회제도의 부조리 등과 같은 다양한 주제로 당대의 문학(전쟁 문학)에 고스란히 반영되었다.

이 시기에 활약한 작가로는 하우스만(A.E. Housman, 1865~1939), 에드워드 토마스(Edward Thomas, 1878~1917), 시그프리드 서순(Siegfried Sassoon, 1886~1967), 루퍼트 브룩(Rupert Brooke, 1887~1915), 아이버 거니(Ivor Gurney, 1890~1937), 아이작 로젠버그(Isaac Rosenberg, 1890~1918), 윌프레드 오언(Wilfred Owen, 1893~1918) 등이 있다.

제2차 세계대전

1930년대 후반 유럽에서는 극우파인 파시즘과 나치즘

(Nazism)이 팽배해 있었고, 독일에서는 아돌프 히틀러(Adolf Hitler, 1889~1945)가 가장 위협적인 존재로 부각되고 있었다. 많은 이들은 또 다른 대규모 전쟁이 일어날 것으로 예측했지만, 영국 수상 체임벌린(Neville Chamberlain, 1869~1940)은 1938년 히틀러와의 회담을 통해 '유화정책(Appeasement Policy)'을 취했다. 하지만 이듬해 3월 독일이 체코슬로바키아를 점령하고, 9월에는 폴란드를 침공하자, 영국은 프랑스와 함께 독일에 선전포고를 함으로써 제2차 세계대전(World War II, 1939~1945)이 발발했다. 독일에 대한 초기의 유화적 태도로 인해 큰 비난에 직면했던 체임벌린은 결국 사임했고, 1940년 5월 10일 윈스턴 처칠(Winston Churchill, 1874~1965) 수상이 연정(聯政)을 이끌게 되었다.

같은 날 독일은 벨기에, 룩셈부르크, 네덜란드를 공격했고, 6월에는 프랑스까지 독일에게 점령당했다. 이어 1940년 8월, 독일의 영국 공습이 시작되었다. 이후 6개월 동안 수백 대의 독일 비행기가 밤마다 상공에서 폭탄을 투하했고, 독일의 잠수함은 영국으로 식량과 보급품을 운송하는 선박을 공격했다. 피해는 참혹했다. 런던에서만 3만 명이 죽고, 5만 명이 부상을 당했으며, 런던 시민의 1/6인 140만 명이 집을 잃었다. 그러나 영국 국민의 사기는 꺾이지 않았고, 시련을 이겨내고자 하는 강인한 의지가 있었다. "내가 국민에게 줄 수 있는 것은 피와 노고와 눈물과 땀밖에 없다(I have nothing to offer but blood, toil, tears, and sweat)"는 처칠 수상의 호소에, 영국 국민은 "런던은 견딜 수 있다(London can take it.)"라고 답했다. 결국 영국은 처칠의 강력한 지도력에 힘입어 독일의 침공을 저지하면서 전쟁을 성공적으로 이끌었다(김현숙 124). 독일 폭격기가 영국의 도시를 공습할 때, 폐허가 된 피폭지역을 시찰하면서 처칠이 보여준 'V'자 사인(승리의 상징), 라디오 방송, 의회 연설, 커다란 시가(cigar)를 입에 문 모습 등은 아직도 영국인의 가슴속에 생생하다.

1941년이 되자 전쟁의 양상이 완전히 바뀌기 시작했다. 1941년 12월 7일 일본이 함재기(艦載機, carrier-based fighter) 400여 대로 진주만(Pearl Harbor)을 공격하여 미국의 태평양 함대가 전멸했다. 이 공격이 있은 뒤 곧바로 미국이 참전했다. 이는 영국이 원하던 바였다. 한편, 독일은 동부 전선에서 러시아와 싸우느라 허우적대고 있었다. 1944년 6월 6일 노르망디 상륙 작전(D-day 상륙작전)은 서부전선으로부터 유럽의 해방을 알리는 출발점이었다. 처칠의 말에 의하면, 이는 "전쟁의 종식을 위한 서막"이기도 했다. 1945년 4월 30일 드디어 히틀러가 자살하고, 5월 7일에는 독일이 무조건 항복을 선언했다. 독일의 동맹국이었던 일본도 2발의 원자탄 폭격을 받고 1945년 8월 15일 항복했다. 이로써 제2차 세계대전은 독일, 이탈리아, 일본의 패배로 막을 내리게 되었다. 그러나 전쟁의 승리에도 불구하고 영국은 전체 국부(國富)의 1/4을 잃는 비극적 결과를 초래했다.

하지만 제2차 세계대전 중 인류는 세 가지 중대한 발명을 했다. 바로 원자탄, 레이더, 페니실린이었다. 원자탄은 인명 살상의 무기로 사용되었고, 레이더는 인명 살상 무기의 위협에서 벗어나는 데 주로 사용되었다. 반면에 페니실린은 인류의 질병 치료에 크게 기여했으므로 세 가지 가운데 가장 위대한 발명이라 할 수 있다. 페니실린을 최초로 발견한 사람은 바로 영국의 의학자 알렉산더 플레밍(Alexander Fleming)이었다(맥세계사편찬위원회 299).

전후(戰後)의 재건 노력과 대영제국의 쇠퇴

전쟁이 끝난 직후 영국에서는 예상치 못한 변화가 찾아왔다. 전쟁에 지치고 변화를 갈망하던 유권자들이 1945년 총선거에서 클레멘트 애틀리(Clement Attlee, 1883~1967)가 이끄는 노동당에 압도적인 지지를 보낸 것이다. 애틀리 수상이 이끄는 노동당 행정부는 향후 6년 동안 석탄, 철광, 철도, 조선, 가스, 전기 등의 국가 기간산업을 국유화하고, 사회보장

제도를 널리 시행했을 뿐 아니라, 세계 최초로 '국민의료서비스(The National Health Service, NHS)'를 확립했다. 흔히 '요람에서 무덤까지(From the Cradle to the Grave)'로 알려진 이러한 복지정책은 '복지국가(Welfare State)'의 서막을 알리는 신호탄이었다. 그러나 전후의 재건사업은 더디게 진행되었고, 전후 베이비 붐 세대는 1950년대까지 식량 배급에 의존해서 생활해야만 했다.

국력 소진(消盡)의 여파는 해외에도 영향을 미쳐 대영제국의 일부였던 많은 지역들이 속속 독립을 했다. 1947년에는 인도와 파키스탄이 독립을 했고, 1957년에는 말레이시아가 독립을 했으며, 미얀마, 쿠웨이트, 바레인 등의 아시아 지역과 아프리카와 카리브해(海)의 여러 나라도 그 뒤를 따랐다.

1956년에는 당시 이집트의 지도자였던 나세르 대령(Colonel Nasser)이 수에즈운하(The Suez Canal)의 국유화를 선언하자, 당시 수에즈운하의 소유권을 갖고 있던 영국과 프랑스가 무력으로 이집트를 공격하여 '수에즈운하 사태(Suez Crisis)'를 일으켰고, 운하는 몇 개월 동안 운항이 중단됐다. 이와 같은 군사작전은 곧바로 전 세계적인 비난 여론을 불러일으켰다. 결국 두 달도 채 지나지 않아 영국과 프랑스는 군대를 철수했다. 영국이 국제 여론에 직면하여 이처럼 국가의 위신을 크게 실추시킨 적은 일찍이 없었다. 이 사건은 이후로 벌어진 1962년의 '쿠바 미사일 위기(The Cuban Missile Crisis: 1962년 10월 22일부터 11월 2일까지 11일 동안 소련의 중거리 핵미사일을 쿠바에 배치하려는 시도를 둘러싸고 미국과 소련이 대치하여 핵전쟁 직전까지 갔던 국제적 위기)' 사태 등과 함께 세계 일등 국가로서의 영국의 지위가 끝나가고 있음을 여실히 보여주는 사건이었다.

이처럼 대영제국의 태양이 지고 있었음에도 불구하고 영국 왕실의 위상은 굳건했다. 1952년에는 조지 6세의 뒤를 이어 그의 딸 엘리자베스 2세(Elizabeth II, 애칭 릴리벳[Lilibet], 1952~현재)가 영국의 40번째 군주로 즉위했다. 이후 그녀는 근·현대사 격변의 시기에 중심을 잃지 않는 신중한 처신과, 국민과 정치를 중재하는 완충의 역할로 국민들의 존경과 사랑을 받으면서 영국의 역대 군주들 가운데 가장 오랫동안 왕위를 유지해오고 있다.

1950년대 말에는 전후의 노력에 힘입어 실업자 수가 현저히 줄어들고, 생활수준도 크게 향상되었다. 당시 수상이었던 보수당의 해럴드 맥밀런(Harold Macmillan, 1957~1963)은 "영국인의 생활수준이 이렇게 높았던 적은 일찍이 없었다"고 말한 바 있다.

활기찬 1960년대

1960년대는 풍요의 시대였으며, 젊은이들에게는 새로운 에너지가 폭발하는 자유와 반항의 시기였다. 이들은 기성세대의 부르주아적이고 위선적인 속물근성에 염증을 느낀 나머지 새롭고 자극적인 것을 추구했다. 1960년대에는 사회 전반에 걸쳐 요란하고 반항적이며 무언가 새로운 것을 추구하는 사회 분위기가 풍미(風靡)했으며, 로큰롤(rock'n'roll)에 흠뻑 빠진 반항 청소년들이나 재즈에 열광하는 히피들이 청년문화를 주도했다. 이때 등장한 비틀스(The Beatles, The Fab Four)와 롤링 스톤스(The Rolling Stones) 그룹은 엄청난 인파의 팬을 끌어 모으면서 전 세계 10대 젊은이들의 우상으로 자리매김했다.

비틀스는 존 레논(John Lennon), 폴 매카트니(Paul McCarteny), 조지 해리슨(George Harrison), 링고 스타 (Ringo Starr)로 구성된 4인조 팝 그룹으로, 영국의 리버풀(Liverpool)에서 음악을 시작하여 1960년대 세계 최고의 인기를 누리면서 사회·문화 전반에 엄청난 영향을 미쳤다. 특히 1964년부터 북미 활동을 시작한 비틀스는 미국에서도 최고의 인기를 누려 소위 '브리티시 인베이전(British Invasion, 영국의 침략)'이라 불렸다. 비틀스의 잘 알려진 노래로는 'Love Me Do' 'Yesterday' 'I Want to

Hold Your Hand' 'Let It Be' 'From Me to You' 등이 있다.

롤링 스톤스는 1962년 런던에서 결성된 록 밴드로, 믹 재거(Mick Jagger), 브라이언 존스(Brian Jones), 키스 리처즈(Keith Richards), 빌 와이먼(Bill Wyman), 찰리 와츠(Charlie Watts), 믹 테일러(Mick Taylor), 로니 우드(Ron Wood) 등이 주 멤버이다. '롤링 스톤스'라는 명칭은 시카고 블루스(Chicago Blues)의 거장 머디 워터즈(Muddy Waters)의 'Rollin' Stone'을 기념하여 브라이언 존스가 지었으며, 'Beggars Banquet' 'Let It Bleed' 'Sticky Fingers' 'Exile on Main Street' 등의 앨범으로 1960년대 말과 1970년대 초에 최고의 인기를 누렸다.

1970년대 경기침체기

1970년대에 접어들자 저성장, 악성 인플레이션, 무역적자, 고임금, 파업, 석유 위기, 국제 경쟁 등의 악재로 영국은 또 다시 경제침체기를 겪게 되었으며, 각종 사회적 병폐도 적나라하게 드러났다. 급기야 1973년 겨울에는 석유수출국기구(OPEC)의 석유금수조치와 탄광 노동자들의 대규모 파업으로 인해 국가가 부도사태에 빠지는 위기에 직면했다. 그나마 다행스러운 것은 1973년 1월 1일에 유럽경제공동체(The

European Economic Community, EU의 전신)의 회원국이 된 것이다.

보수당에 이어 1974년 집권한 노동당 행정부는 국방비 지출의 대규모 삭감을 통해 국가경제를 회복시키고자 했으나 역부족이었고, 1976년에 국제통화기금(The International Monetary Fund, IMF)으로부터 구제 금융을 지원받은 이후에야 극적인 회복이 가능했다.

그럼에도 불구하고 1979년경에는 실업자 수가 350만 명에 달했으며, 연쇄적인 파업으로 인해 국가가 또 다시 부도 사태에 직면했다. 결국 1979년 5월 당시 별로 알려진 바가 없던 마거릿 대처(Margaret Thatcher, 1925~2013)가 이끄는 보수당이 다시 정권을 잡았다.

마거릿 대처는 영국의 옥스퍼드 대학을 졸업하고, 1959년 보수당 소속으로 하원 의원에 당선되어 정계에 입문한 뒤 장·차관을 지내다가, 1975년 영국 최초의 여성 당수(보수당)가 되었다. 이어 1979년 총선거에서 보수당이 승리하면서 영국 최초 여성 총리의 자리에 올랐다. 집권 후에는 소위 '대처리즘(Thatcherism: 영국의 경제 회생을 위한 대처 총리의 사회·경제 정책의 총칭)'의 지속적인 시행으로 영국의 경제부흥을 이끌었고, 1982년에는 포클랜드 전쟁(The Falklands War)에서 뛰어난 정치적 역량을 발휘함으로써 영국인의 자존심을 되찾아 주기도 했다.

포클랜드 제도(諸島)(The Falkland Islands, The Falklands)는 남아메리카 동쪽 남대서양에 있는 여러 개의 작은 섬들을 일컫는다. 이 제도에서는 오래전부터 소수의 영국인이 양을 키우면서 생활해왔다. 그러나 19세기 초 이래로 아르헨티나와 영유권 문제로 분쟁이 끊이질 않았다.

그러다가 1982년 아르헨티나 군대가 이 제도에 상륙하자 대처 총리가 이끄는 영국 정부는 아르헨티나에 선전포고를 하고 74일 만에 이 제도를 다시 점령했다. 이 전쟁으로 인해 영국 국민들은 크게 고무되었고, 이듬해 대처 총리의 총선 승리에 크게 작용했다.

대처는 1979년 처음 집권한 후, 1983년과 1987년에 실시된 총선거에서 잇달아 승리를 거둬 3차례나 총리를 연임하면서, 영국 역대 총리 중 최장기(11년 209일) 재임기간을 지냈다. 하지만 1990년 유럽 통합 반대 입장을 고수하다 당 지도부의 반발을 초래하여 자진 사임하였고, 1991년에는 정계를 은퇴했으며, 1992년 여남작(baroness, 종신 귀족)의 작위를 받은 이후 상원 의원으로 활동했다.

유럽에서 혈통, 재산, 결혼의 도움 없이 강대국의 지도자이자 역사상 최초의 여성 정치인을 지낸 대처는, 보수적이고 온화하면서도 강경한 성품 등으로 인해 '철의 여인(The Iron Lady: 소련의 스탈린이 호칭한 명칭)'으로 불렸다. 지금도 사람들은 '철의 여인'이라는 단어를 접할 때면 강인한 미소를 짓고 있는 대처 총리의 모습을 떠올린다(맥 세계사 편찬위원회 366).

대처의 통치기(1979~1990)

철의 여인으로 불렸던 대처는 1970년대 혼돈의 시대를 정리하고 이른바 '대처리즘'으로 1980년대를 새롭게 연 서유럽 최초의 여성 총리이다. 그녀는 노동당 정부가 이제껏 고수해온 각종 국유화와 복지정책 등을 과감히 포기하고, 민간의 자율적 경제활동을 중시하는 머니터리즘(Monetarism, 통화주의)에 입각한 강력한 경제개혁을 추진했다. 뿐만 아니라 당시 영국 사회의 침체되고 무기력한 상황을 '영국 병(British Disease)'으로 진단하고, 이를 극복하기 위해 전 사회적 의식 개혁 운동을 펼쳤는데, 이러한 대처의 정책을 일명 '대처리즘'이라고 한다.

그녀가 추진한 세부적인 경제개혁의 내용으로는 ① 복지를 위한 공공지출의 삭감과 세금인하 ② 국영기업의 민영화 ③ 노동조합의 활동규제 ④ 철저한 통화정책에 입각한 인플레이션 억제 ⑤ 기업과 민간의 자유로운 경제활동 보장 ⑥ 외환관리의 전폐(全廢)와 빅뱅(Big Bang: 영국의 증권거래소가 실시한 일련의 증권제도의 대개혁) 등을 통한 금융시장의 활성화 등이 있으며, 그 외에 작은 정부의 실현, 산학협동 중심의 교육정책과 인재양성, 유럽통합 반대 등이 있다. 이러한 그녀의 강력한 정책에 힘입어 영국의 경제는 점차 빠른 속도로 회복되기 시작했다.

하지만 1990년대가 시작되면서 영국의 번영은 더 이상 지속되지 않았다. 그녀의 정책은 인플레이션을 억제하고 경기를 회복시키는 데는 성과가 있었으나, 불경기가 다시 시작되고 실업률이 치솟자, 영국 국민은 대처가 정권을 잡은 지 11년 만에 '철의 여인'의 강경한 통치 스타일에 염증을 느끼기 시작했다.

뿐만 아니라 인두세(人頭稅, 주민세)의 도입과 유럽 통합에 대한 비타협적인 자세 등으로 당 지도부의 반발을 초래하여 결국 그녀는 1990년 11월 총리 직에서 물러나야만 했다. 그녀의 뒤를 이어 보수당의 존 메이저(John Major, 1990~1997) 총리가 대처의 총리 직을 승계했다(김현숙 129).

노동당 정부와 새로운 밀레니엄

대처에서 메이저로 이어지는 18년간의 보수당 통치는 젊고 활달한 토니 블레어(Tony Blair, Anthony Charles Lynton Blair, 1997~2007)가 이끄는 노동당이 1997년 선거에서 승리함으로써 끝이 났다. 그는 1536년과 1707년 이후 웨일스와 스코틀랜드로부터 박탈했던 권한의 일부를 웨일스와 스코틀랜드 의회를 통해 되돌려 주는 등 일련의 개혁정책에 힘입어 2001년과 2005년에 연이어 집권의 계기를 마련했다. 이로써 블레어는 영국 역사상 최장기 집권에 성공한 노동당 총리가 되었으나, 점차 그의 지도력이 약화되면서 결국 2007년에 사임하고야 말았다.

새로운 연립정권과 2015년 총선

블레어의 뒤를 이어 2007년 고든 브라운(James Gordon Brown, 2007~2010) 노동당 당수가 총리가 되었다. 취임 초에는 매우 순탄했지만 얼마 지나지 않아 곳곳에서 문제가 발생했다. 악화된 여론 조사 결과, 신중하지 못한 조기 총선거 논란, 보궐선거에서의 참패, 점차 거세지는 지도력에 대한 비판 여론 등과 맞물리면서 급기야 2008년 말에는 세계 금융위기 사태까지 터졌다. 이어진 경기 하락, 치솟는 연료비와 식료품 물가, 이자율과 주택 가격의 급락 등으로 브라운 행정부에 대한 불만의 수위가 점차 높아졌다. 이와 비례해서 데이비드 캐머런(David Cameron, 1966~)이 이끄는 보수당에 대한 지지도도 급상승했다.

결국 2010년에 치러진 총선거에서 보수당이 승리를 거둠에 따라 14년 만에 노동당 정권이 끝이 나고, 캐머런 당수가 총리가 되어(2010~2016) 보수당-자민당 연립정부를 구성하게 되었다.

이후 캐머런 연립정부는 재정적자 규모 축소, 법인세 인하, 각종 규제의 철폐 및 완화, 일자리 창출 등 일련의 경제 호전 정책에 힘입어, 2015년 5월 7일 치러진 총선거에서 전체 650개 의석 중 331석을 얻어 단독으로 과반 의석을 차지함으로써 재집권에 성공했다.

하지만 정체성, 유럽연합의 규제, 난민(難民), 세계화(유럽화)에 따른 부작용 등의 문제 해결을 위한 방편으로 2016년 6월 23일 시행된 국민투표에서 영국 국민의 51.9%가 브렉시트(Brexit: 영국의 유럽연합[EU] 탈퇴)에 찬성표를 던지면서 영국의 유럽연합 탈퇴가 결정되었다. 이로써 영국은 1973년 이후 43년 만에 유럽연합에서 탈퇴하게 되었으며, 캐머런 총리도 이에 책임을 지고 사임했다.

2016년 6월 캐머런 총리가 사임함에 따라, 같은 해 7월 13일 테레사 메이(Theresa May, 1956~)가 마거릿 대처 이후 영국의 두 번째 여성 총리이자, 21세기 영국의 첫 번째 여성 총리가 되었다.

그녀는 총리로 임명된 직후 행한 연설에서 연합주의를 강조하면서, "잉글랜드, 스코틀랜드, 웨일스, 북아일랜드 사이에 맺어진 소중하고도 소중한 연대를 되새기자"고 했다.

제3장
북아일랜드의 역사

북아일랜드 개관

'얼스터(Ulster)'라고도 불리는 북아일랜드는 앤트림(Antrim), 다운(Down), 아마(Armagh), 티론(Tyrone), 퍼마나(Fermanagh), 런던데리(Londonderry)의 6개 주로 구성되어 있으며, 북아일랜드 정부는 이를 다시 26개 지구로 구분하고 있다. 북아일랜드는 북쪽에서 동쪽으로 바다에 의해 둘러싸여 있고, 서쪽에서 남쪽으로는 남아일랜드 공화국의 도니갈(Donegal), 카반(Cavan), 모나간(Monaghan) 등의 주(州)들에 의해 둘러싸여 있다. 전체 면적은 아일랜드 공화국의 20.1%인 14,139제곱킬로미터이고, 인구는 아일랜드 공화국의 39.1%인 180만 명이며, 주도(主都)는 벨파스트(Belfast)이다.

아일랜드 지도

　북아일랜드는 스코틀랜드와 단지 15마일(가장 인접한 지역) 정도 떨어져 있어 아일랜드 문화와 스코틀랜드 문화가 혼재한 곳이다. 동부 지역은 스코틀랜드 문화의 영향을 많이 받은 신교 연합론자(Unionists, 45%)가 사는 지역이고, 서부와 남부는 가톨릭 자치론자(Nationalists, 40%)가 사는 지역이다. 따라서 북아일랜드 사람들은 자신을 영국인으로 생각하는 연합론자들과 아일랜드인으로 생각하는 자치론자로 구분하며, 종교적으로는 신교와 가톨릭으로 양분된다. 뿐만 아니라 그들이 쓰는 언어조차도 악센트와 발음이 남아일랜드와는 많이 다르다. 북아일랜드 사람들은 여권도 그들의 취향에 따라 영국 여권이나 아일랜드 여권 중 하나를 선택할 수 있다.

1960년대부터 '북아일랜드의 분쟁(The Troubles)'에 의해 야기된 소요사태나 폭력의 장면을 신문이나 방송을 통해 목격한 사람은 북아일랜드가 하나의 전쟁터를 방불케 하는 곳으로 생각하기 쉽지만, 오늘날은 전혀 그렇지 않다. 벨파스트의 일부 거리(Falls Road, Shankill Road)를 제외한 여타의 지역은 매우 평화롭고 안전하며 과거의 상처를 치유하고 있다.

북아일랜드는 남아일랜드에 비해 산지가 많으나 남아일랜드와 마찬가지로 높은 산은 거의 없다. 그 중에 가장 높은 산은 스리브 도나드산(Slieve Donard, 해발 850m)이다. 북부 지역은 화산 지형으로 이루어져 있으며, 그 일부인 자이언츠 코즈웨이(The Giant's Causeway)는 세계적 명소이다. 또한 북아일랜드의 중심에 위치하고 있는 네이호(Lough Neagh)는 아일랜드와 영국에서 가장 큰 호수이다(이승호 233).

북아일랜드는 벨파스트를 제외하고는 아일랜드의 여타 지역과 마찬가지로 대부분 농업 지역이기 때문에, 비옥한 초록의 대지가 끝없이 펼쳐져 있어 새넌강(Shannon River) 서쪽에 있는 황무지와 뚜렷이 대조가 된다. 비옥한 농토, 충분한 수량(水量), 습한 기후 등을 보면 17세기에 플랜테이션(Plantation, 식민[植民])이 북아일랜드로 집중된 이유를 짐작할 수 있다. 이곳의 뛰어난 자연 풍경은 동부의 앤트림 계곡(Glens of Antrim)에서 볼 수 있다. 초록의 숲으로 우거진 앤트림 계곡은 강, 폭포, 야생화, 새들과 함께 어우러져 더없이 아름다운 풍경을 연출하고 있다. 이밖에 영국의 지배를 받기 시작한 이후에 세워진 그랜드 오페라 하우스(Grand Opera House), 시청사(Belfast City Hall), 앨버트 기념 시계탑(Albert Memorial Clock Tower), 세인트 앤 성당(St. Ann's Cathedral), 벨파스트 성(Belfast Castle) 등 수많은 유적지도 좋은 볼거리들이다(이승호 233, 박우룡 391).

북아일랜드의 경제는 남아일랜드보다는 영국과 밀접한 관련이 있다. 1960년대부터 시작된 '북아일랜드의 분쟁' 사태로 인해 북아일랜드의 경제는 과거의 영광을 되찾지 못한 채 남아일랜드의 경제보다 뒤쳐진 면이 있다. 하지만 영국과 유럽연합으로부터 보조금을 받고 있다. 예전에는 농업과 목축, 조선과 리넨 산업이 주류를 이루었으나, 요즈음은 정보통신산업이 대세를 이루고 있다.

1177년 세워진 벨파스트는 북아일랜드의 주도가 된 이후 빠르게 성장하고 있는 도시이다. 중심부에서 서쪽으로 뻗은 폴스 로드(The Falls Road) 양쪽으로 펼쳐진 지역이 가톨릭 신자들의 거주 지역이고, 중심부에서 동쪽으로 이어진 샨킬 로드(The Shankill Road) 지역이 신교도 신자의 거주 지역이다. 벨파스트는 오늘날 북아일랜드 전체 인구의 1/3이 살고 있는 인구 30만 명의 거대 도시로 발돋움했지만, 17세기까지만 해도 작은 마을에 불과했다. 하지만 영국의 식민정책, 스코틀랜드 장로교도 이주의 여파, 산업혁명, 그리고 19세기에 리넨, 밧줄 제조, 기계공업, 담배, 조선, 해상 무역 등과 같은 산업들이 발전하면서 매 10년마다 두 배 크기로 성장했고, 1939년 무렵에는 더블린보다 인구가 많았다. 리넨이 이 도시의 대표적 제품으로 알려졌지만 과거에는 조선업으로 세계 정상을 달렸던 곳이기도 하다. 처녀출항 중에 좌초한 호화 유람선 '타이태닉(Titanic)'호가 1912년에 건조된 곳도 바로 이곳이다(정확한 장소는 Harland & Woolff 조선소). 1840년대에 만들어져 100년 이상 된 열대식물이 자라고 있는 유리로 된 팜 하우스(Palm House)와 1845년에 세워진 퀸스대학교(Queen's University of Belfast)도 이 도시의 명물 목록에 들어간다(박우룡 390). 그 외에 런던데리(Londonderry)와 리즈번(Lisburn)도 인구가 10만 명이 넘는 지구(地區)이다.

타이태닉호의 출생지 벨파스트는 2012년 타이태닉호 재난 100주년을 맞아 관광객과 투자 유치에 발 벗고 나섰다. 따라서 오늘날 벨파스트는 새로운 모습으로 활기를 되찾고 있지만, 얼마 전 까지만 해도 분쟁과 소요의 흔적이 사방에 널려 있었다. 신교도와 가톨릭교도 경계 지역의 벽면에는 낙서투성이였으며, 거리 곳곳에는 중무장한 군인이 삼엄한 경계를 폈다. 또한 철조망 바리케이드가 사방을 가로막고 있었다. 하지만 지금은 오랜만에 평화를 되찾아 문예부흥을 주도하며, 제 2의 전성기를 누리고 있다.

역사

선사시대 역사와 켈트인

아일랜드 역사는 지금으로부터 대략 1만 년 전 마지막 빙하기가 끝날 무렵, 만년설이 녹아 해수면이 높아짐에 따라 아일랜드와 영국을 잇는 마지막 육교(land bridge)가 바닷물에 잠기면서부터 시작되었다. 농경 방법을 알지 못해 수렵과 채집 또는 물고기를 잡아 생활하면서 이곳저곳을 떠돌던 이들은, 스코틀랜드로부터 연결된 좁은 육로를 가로질러 오늘날 북아일랜드의 앤트림 해안에 들어왔거나, 작은 가죽 보트를 타고 아일랜드 해(海)를 건너 들어왔다. 내륙은 숲이 울창했기 때문에 주로 해안가나 호숫가에 정착했던 이들 소규모 정착민들에 대해 알려진 바는 별로 없다. BC 4000년 무렵에는 신석기시대 사람들이 들어와서 소, 양, 염소, 돼지 등과 같은 가축을 기르거나, 울창한 숲을 개간하여 밀과 보리 등의 곡식을 경작하면서 생활했다. 윗가지와 진흙으로 지어진 그들의 거처는 오래전에 사라졌지만, 그들의 영성(靈性)이 담긴 건축물이라 할 수 있는 거석(巨石) 유물은 다수가 남아있다. 오늘날 아일랜드의 전역에서 발견되는 원추형 돌무덤, 고인돌, 패시지 그레이브(passage grave, 통로 형태의 돌무덤)들 중 가장 널리 알려진 것은 미스(Meath) 주에 있는 '뉴그렌지(Newgrange, 거석 고분)'이다. 뉴그렌지는 유럽에서 가장 유명한 패시지 그레이브 중 하나로 신비에 싸인 유물이다.

이후 BC 2000년 무렵에는 구리와 청동이 도입되어 다양한 종류의 무기와 보석류가 만들어졌다. 비커족(Beaker People: 도기로 만든 독특한 모양의 비커[컵]에서 유래함)은 금속 세공과 도기 만드는 기술을 유럽으로부터 도입함으로써 아일랜드에서 초기 청동기 시대를 연 장본인이다. 이 시기의 금세공품들은 품질이 매우 우수해서 유럽의 여타 지역과 교역을 트는 발판이 되었다. 또한 이 시기에는 소가 *끄는* 쟁기 형태의 농기구 사용과 함께 보다 새로운 형태의 농경 방법도 도입되었다.

BC 1500년경 중유럽에 거주하던 켈트족이 무슨 연유에서 인지 서쪽으로 민족 대이동을 시작했다. 시간이 흐르면서 그들은 프랑스의 서부 지역과 그레이트브리튼섬에 정착했다.

아일랜드의 역사와 문화에 많은 영향을 끼친 켈트족 전사(戰士) 부족은 BC 6~5세기 무렵에 중유럽과 서유럽에서 건너왔다. 그들은 용맹하고 호전적인 부족으로 영토를 넓히려는 야망으로 가득 차 있었으며, 이미 남부 유럽의 많은 지역들을 정복하고 있었다. 로마인은 이들을 '갈리아 사람(Gaul 혹은 Galli)'이라 불렀고, 그리스인은 '켈토이(야만인을 뜻하는 그리스어 'Keltoi'에서 유래함)'라 불렀다. 로마인과 그리스인은 야성(野性)을 지닌 호전적인 켈트족(AD 4세기에 로마를 약탈함)에 대해 큰 두려움을 느끼곤 했다.

아일랜드에 들어온 켈트족은 부족 간에 각축을 벌이면서 차례로 정착을 시도했다. 이들 중 가장 힘이 센 부족은 스코틀랜드에서 건너온 게일족(Gaels)이었다. 오늘날 스코틀랜드와 아일랜드의 모국어로 사용되고 있는 아일랜드어(Gaelic)와 스코틀랜드-게일어(Scottish-Gaelic)는 이때로부터 유래한다.

켈트 사회는 부족마다 가족 단위로 이루어진 구성원이 모여 더 큰 부족을 형성했다. 당시 아일랜드에는 300여 부족들이 씨족사회를 이루어 살았다. 이들 씨족 간에는 유대와 결속이 느슨했기 때문에 좀처럼 하나의 단일 국가를 형성하지 못했으며, 이러한 이유로 이민족의 침략에도 모든 부족이 한 꺼번에 완패하는 경우는 드물었다.

켈트사회는 인도의 카스트 제도(caste system)처럼 철저한 계급사회로, 지식인(the intelligentsia: 시인, 드루이드[사제], 법률가, 의사, 음악가, 역사가) 계층, 전사(戰士, the warriors)계층, 평민(숙련기술자, 자유민) 계층, 그리고 최하위 계층인 노예들로 구성되었으며, 군소 왕들과 부족의 우두머리인 여러 족장들이 150여 군소 왕국(각각의 왕국은 '투아흐[tuath]'라 불렸음)의 50만 농업 인구를 다스렸다. 한편, 부족장이나 군소 왕을 관리하는 '상급왕(High King)'이 있었는데, 300년경에는 그 숫자가 5명(각각 1개 지역씩 5개 지역을 통치함)에 달했다. 이들의 거처 겸 본부는 당시 미스 주에 있는 '타라 언덕(Hill of Tara)'이 었다.

켈트족이 정착하던 시대에 아일랜드는 렌스터(Leinster), 얼스터, 코노트(Connaught), 먼스터(Munster), 미스의 다섯 지역으로 나뉘었는데, 미스 지역은 후에 렌스터에 통합되었다. 켈트족은 방어를 목적으로, 인위적인 섬이나 도랑, 돌, 흙벽 등으로 외워 싸인 고지대에 지은 작은 초가 형태의 오두막이나 원형으로 된 요새에서 생활했다.

켈트족은 호전적인 족속으로, 정의감, 명예욕, 자존심이 투철했으며, 음주와 가무(歌舞), 시, 웅변, 말장난 등을 즐기는 예술적 성향과 호탕한 기질의 소유자였다. 비록 그들이 정치적인 조직을 갖추거나 합리적인 사고를 하는 데는 다소 미숙했지만, 초자연적 존재와 영성(靈性)을 믿고, 감성과 상상력이 풍부한 종족이었다.

한편, 켈트족의 캘린더(calendar)는 빛과 어둠의 이중성에 토대를 두었다. 그들은 낮보다는 밤으로 날짜를 헤아렸으며 (음력을 사용함), 낮과 밤, 빛과 어둠이 교차하는 여명과 황혼 시간대(자연 세계와 영적 세계를 연결해주는 이음선)에 의미를 부여했다. 즉, 이때는 눈에 보이는 세계와 보이지 않는 세계, 물질과 정신의 세계, 유한과 무한의 세계가 상호 교차하는 신비의 순간이며, 인간 정신이 의지의 속박으로부터 자유로워지는 시간이다. 따라서 켈트족은 이러한 시간대에 초자연성과 매직(magic)을 체험하곤 했다. 또한 켈트족은 계절의 변화를 기념하기 위해 4차례의 축제를 열었는데, '임볼그(Imbolg)'는 봄의 시작을, '벨테인(Bealtaine)'은 여름의 시작을, '루나사(Lughnasa)'는 수확철의 시작을, '삼하인(Samhain)'은 수확철의 끝을 경축하는 축제였다.

켈트족은 아일랜드에 들어올 때 철기 문화를 가지고 왔으며, 들어온 지 채 200년도 안 되어 확실한 기틀을 잡았다. 그들은 개인의 권리를 보호하고 분쟁을 정의롭게 해결하기 위해 이른바 '브레혼 법(Brehon Law: 입법자 또는 재판관을 게일어로

'brehon'이라고 함)'이라는 세련된 법 제도를 확립했는데, 이 제도는 17세기 초엽 영국의 행정법으로 대체될 때까지 사용되었다.

로마는 유럽과 그레이트브리튼섬의 대부분을 정복했지만, 아일랜드섬은 날씨가 춥고 황량할 뿐 아니라 자원이 별로 없고 땅이 척박해서(로마인은 아일랜드를 '겨울의 나라[Land of Winter]'란 뜻의 'Hibernia'로 불렀음) 애초부터 정복을 시도하지 않았다. 따라서 아일랜드의 켈트문화는 서유럽과 그레이트브리튼섬의 켈트문화와 다르게 순수성과 독자성을 유지해 오고 있다. 2,000년 이상 전의 것으로 추정되는 헐링(hurling, 전쟁의 대체물) 경기가 하나의 대표적 예이다.

켈트족은 아일랜드를 1,000년 이상 동안 통치하면서 오늘날 아일랜드, 스코틀랜드, 웨일스, 그리고 유럽 변방에 잔존하고 있는 언어와 문화유산을 남겼다. 그들이 가지고 온 언어는 인도유럽어군에 속하는 '게일어(Gaelic, 당시에는 'Goidelic'으로 불림)'였다. 또한 그들이 사용한 문자는 라틴어 및 영어 알파벳과 유사한 '오검(Ogham) 문자'였다. 돌기둥이나 나무에 새겨진 이 문자의 흔적(다양한 길이의 직선이나 각이 진 형태)은 현재 아일랜드 전역에서 300개 이상 발견되고 있다. 그들은 도기 제조와 금속세공에도 조예가 깊었는데, 거의 2,000년 된 유물에 남아 있는 소용돌이와 미로(迷路) 형태의 디자인은 독자적인 그들의 문화로 평가되고 있다. 또한 몇몇 탁월한 켈트족의 디자인은 더블린 국립박물관에 있는 '브로이터 칼러(The Broighter Collar)'나 골웨이 주에 있는 '투로 스톤(The Turoe Stone)' 등에서 볼 수 있다.

켈트족의 종교는 이교정신(Paganism)이라는 특징이 있는데, 이교정신이란 기독교 이전의 종교적 윤리 체계를 의미한다. 켈트족의 이교정신은 크게 세 범주로 나눌 수 있다. 첫째는 범신론적(pantheistic) 신비주의 사상이고, 둘째는 이교적 낙토(樂土) 사상이며, 셋째는 동양적 불멸-윤회 사상이다. 켈트족은 이교정신을 담고 있는 '드루이드교(Druidism)'를 신봉했는데, 여기에서 중요한 사람은 '드루이드(Druid)' 사제였다. 드루이드는 인도 카스트 제도의 제1 계급인 '브라만(Brahman)'처럼, 켈트인의 삶에서 아주 중요한 역할을 했다. 그는 예언의 권능뿐 아니라 신과 인간을 중재할 수 있는 능력도 지닌 것으로 여겨졌기 때문에 켈트족 사회에서 막강한 영향력을 행사했다.

그는 성직자, 예언자, 재판관, 시인, 철학자, 역사가, 교육자, 의사, 천문학자, 점성가, 마술사 등의 역할뿐 아니라 제신(諸神)의 숭배 의식을 집행하는 한편, 부족과 개인 간의 분쟁을 판결하고 해결하는 심판관 역할도 담당했다. 하지만 켈트족은 그들의 이교적 세계관으로는 마음의 공허를 채울 수 없었으며, 진정한 행복과 평안도 찾을 수 없었다. 따라서 그들은 기독교에 귀의하게 된다(조신권 19-44).

오늘날 아일랜드에서 중요한 역할을 하고 있는 기독교는 3세기와 5세기 사이에 들어왔다. 아일랜드의 수호성인 성 패트릭(St. Patrick, 389~461) 이전에도 선교사들이 아일랜드에 온 적이 있지만(431년에는 Palladius가 파견됨), 드루이드들의 저항에도 불구하고 토착 아일랜드인을 개종시킨 것은 패트릭의 공(功)이었다. 전해 오는 이야기에 따르면, 패트릭은 4세기 말에 영국 웨일스 지방의 서부 해안에서 태어났다. 그는 16세 때 해적에게 잡혀 아일랜드로 끌려갔고, 북 아일랜드 앤트림 주에 있는 슬레미쉬 산(Slemish Mountain) 언덕에서 돼지 떼를 몰면서 6년 동안 노예생활을 했다. 후에 그는 갈리아(Gaul) 지방으로 도망쳤고, 갈리아에 있는 수도원에서 수사가 되었다. 그는 기도 중에 아일랜드로 선교하러 가라는 계시와 부름을 받고 주교가 된 후, 47세가 되던 해인 432년에 다시 아일랜드로 갔다.

그가 선교할 때 좋은 도구가 된 것은 아일랜드의 들판에 지천으로 널려 있는 토끼풀이었다. 성자와 성부와 성신이 하나라는 기독교의 '삼위일체론(The Holy Trinity: 성자, 성부, 성신을 의미함)'을 설명하기 위해 그는 잎이 셋 달린 '샴록(Shamrock: 세 잎 클로버로 '행복'을 상징함)'을 들어 보이곤 했다.

그는 마침내 '아마(Armagh) 대성당(아일랜드의 가톨릭과 신교 대주교의 본부)'을 건립하여, 이곳을 기점으로 모든 아일랜드 사람들을 기독교로 개종시키고자 했다. 그의 전도는 성공적이어서, 전도한 지 채 30년도 안 되어 아일랜드 섬에 살고 있던 거의 모든 사람들이 기독교를 받아들였다. 그의 본거지는 오늘날 북아일랜드의 '아마'였다. 그는 또한 이교도 신앙의 상징인 뱀을 바다로 내쫓았다는 일화도 있다. 기록에 따르면 그는 461년 3월 17일에 영면(永眠)했다. 지금도 그가 세상을 떠난 3월 17일은 '세인트 패트릭스 데이(Saint Patrick's Day)'로 지정되어 전 세계에서 기념되고 있다. 이 날이 되면 세계 도처에 있는 아일랜드인은 성 패트릭 모자와 초록색 옷으로 온 몸을 치장하고, 퍼레이드를 벌이며, 기네스 맥주를 마신다.

7~8세기 무렵에 이르러 기독교가 널리 보급되면서 문화와 예술이 화려하게 꽃피기 시작했다. 이때는 시, 노래, 돌 조각, 장식 기술, 보석 세공 등 모든 분야가 번창하는 이른바 문화의 황금기였다. 곳곳에 세워진 수도원이 문화의 중심지 역할을 했다. 전국에 산재한 수도원에서 수사(修士)들은 '돌로 된 이글로 형태의 벌집 오두막(stone igloo beehive hut)'에 칩거한 채 구전문학을 기록하고, 각종 문헌을 필사·장식·번역하는 일에 몰두했다. 때문에 당시 유럽의 대부분 지역이 중

세 암흑기로 접어들었지만, 유독 아일랜드만이 화려한 켈트 문화를 꽃피우며 '성자와 학자의 나라(The Land of Saints and Scholars)'로 널리 알려지게 되었다. 수많은 학자들이 학문을 배우기 위해 유럽 전역에서 몰려들었고, 성 골룸바(Columba, Colmcille), 성 골룸바노(St. Columbanus of Bobbio) 등의 아일랜드 선교사들이 유럽을 두루 여행하면서 스위스, 스페인, 프랑스, 심지어 잉글랜드의 이교도들까지 개종시켰다. 수도원의 수사들은 금속 및 각종의 재료로 아다 찰리스(Ardagh Chalice)나 타라 브로치(Tara Brooch) 같은 화려한 예술품은 물론이고, 오늘날 더블린 트리니티대학(Trinity College Dublin, 1591년에 설립됨)의 올드 라이브러리(Old Library)에 소장되어 있는 '북 오브 켈스(The Book of Kells: 세계적으로 유명한 채색필사본 복음서로, AD 800년경에 아이오나[Iona]섬에 있는 골룸바 수도원에서 수사들에 의해 만들어졌으나, 바이킹의 습격을 피하기 위해 켈스[Kells] 지역에 있는 수도원으로 옮겨짐)'를 비롯하여, 우아하고 정교한 장식 사본(寫本)들을 만들었다. 오펄리(Offaly) 주에 있는 클론맥노이즈(Clonmacnoise), 위클로우(Wicklow) 주에 있는 글랜달록(Glendalough), 스켈리그 마이클(Skellig Michael)섬, 뱅거(Bangor), 아마(Armagh) 지역 등은 당대 대표적 수도원이 있던 곳이다.

바이킹족의 침략

8세기 말에 노스족, 데인족으로 알려진 바이킹족이 약탈품을 찾아 스칸디나비아반도로부터 아일랜드를 침입했다. 그들은 795년 날렵하고 튼튼한 배를 타고 더블린 인근에 있는 램베이(Lambay)섬에 최초로 상륙했다. 그들은 동해안의 해안선을 타고 기습공격을 감행했고, 강을 따라 내륙으로 전략적 잠입을 시도했다.

이후 40년 동안 그들은 요새화된 기지를 세우고 당시 번창하던 수도원을 약탈하기 시작했다. 또한 교회를 불태우고 민간인을 강간하는가 하면, 황금 성배, 은촛대 받침, 보석으로 장식된 필사본 복음서 표지 등을 노략질했다. 처음에 토착민들은 부족 간의 갈등으로 인해 바이킹족의 침략에 체계적으로 대항하지 못했고, 무기와 군대도 잘 무장한 바이킹족을 상대하기에는 역부족이었다. 게다가 일부 토착민도 개인적 이득을 위해 바이킹족의 습격에 가담했다. 수사들은 바이킹족의 습격에 대비하고 귀중한 보물을 지키기 위해 높은 원형 탑(round tower)을 세웠는데, 이 탑들은 공격을 받을 때 망루나 피신처 역할을 했다. 수도원 경내나 인근에 세워진 이 원형 탑들은 높이가 27~30미터에 달하고, 출입문은 바이킹족의 접근을 막기 위해 지상으로부터 4.5~6미터 떨어진 곳에 위치했다. 오늘날 글렌달록, 모나스터보이스 (Monasterboice), 디비니쉬(Devinish) 등에 있는 수도원 유적지에서 현존하는 원형 탑의 온전한 모습이나 잔재들을 볼 수 있다.

하지만 830년경부터 바이킹족은 노선을 바꿔 약탈 대신 정착을 시도했다. 따라서 남부 해안가에 군데군데 바이킹족의 정착지가 생겨났으며, 9세기와 10세기에는 바이킹족이 아일랜드의 전 지역을 점령했다. 841년에는 '더브 린(Dubh Linn: 어원상 '검은 연못[Black Pool]'이란 뜻이며, 공식적인 게일어 명칭은 'Baile Atha Cliath')'이라는 작은 바이킹족 왕국을 세웠는데, 이곳은 후에 아일랜드 공화국의 수도 더블린(Dublin)이 되었다. 10세기에 그들은 또한 코크(Cork), 리머릭(Limerick), 워터퍼드(Waterford), 웩스퍼드(Wexford) 같은 주요 도시도 세웠다.

9세기말부터 바이킹족은 토착민보다 더 아일랜드화 되었으며, 두 종족 간에 결혼은 물론, 기독교도 받아들였다. 더블린의 바이킹족 왕 시트릭 실켄베어드(Sitric Silkenbeard)는 1000년에 기독교로 개종했고, 이후 오늘날 크라이스트 처치 대성당(Christ Church Cathedral) 자리에 성당도 세워졌다.

이들 바이킹족은 약탈자에서 근대적 의미의 도시를 세운 교역자(交易者)로 전향했다. 뿐만 아니라 그들은 주조 화폐,

선박 축조 기술, 새로운 예술 양식, 도시생활 방식 등을 도입하는 데에도 기여했다. 일찍이 6세기에 아일랜드의 선교사 성 브렌던(St. Brendan)은 작은 배를 타고 최초로 대서양을 횡단하여 아메리카 대륙까지 항해했는데, 이때의 항해 일지가 『성 브렌던의 항해(*The Voyage of St. Brendan*)』로 기록된 것도 이 시기였다.

바이킹족의 존재는 아일랜드의 여러 부족이 일치단결하는 계기가 되었으며, 이러한 이유로 바이킹족은 1014년 더블린 교외에 있는 클론타프(Clontarf)에서 당시 먼스터의 왕 브라이언 보루(Brian Boru)의 군대에게 패했다. 그 결과 바이킹족의 지배는 와해되었다. 브라이언 보루도 이 전투에서 목숨을 잃었지만, 자신의 왕국은 구했다. 이후 1166년 코노트의 왕 로리 오코너(Rory O'Connor)가 내분을 잠재우며 아일랜드의 상급왕으로 통치했으나, 바이킹족의 후예인 노르만족에게 정복당했다.

노르만 정복

노르만족은 원래 스칸디나비아반도에서 온 사람들로 오늘날 프랑스의 노르망디 지역에 정착해서 살았으며, 1066년 정복자 윌리엄의 영도(領導)하에 영국을 침략했다. 그들이 1세기 뒤인 1166년 아일랜드에서 교두보를 확보할 수 있었던 것은 순전히 더모트 맥머로우(Dermot MacMurrough) 때문이었다. 1130년대부터 렌스터의 왕이었던 맥머로우는 1166년, 당시 경쟁 관계에 있던 로리 오코너 왕과의 전투에서 패하자, 도움을 청하기 위해 잉글랜드로 달려갔다.

그는 헨리 2세에게 신하의 예를 갖춘 다음, 당시 펨브로크(Pembroke)의 백작이었던 리처드 피츠-길버트 드 클래어(Richard Fitz-Gilbert de Clare)를 만나 일종의 거래를 했다. 스트롱보우(Strongbow)로 더 잘 알려진 리차드 드 클래어는, 맥머로우 딸과의 정략결혼과 맥머로우 사후(死後) 렌스터 왕국을 상속한다는 조건으로 아일랜드에 군대를 파견하는 데 동의했다.

1169년 5월, 최초의 앵글로-노르만 군대가 웩스퍼드 주에 있는 '밴나우만(Bannow Bay)'에 상륙했고, 맥머로우는 이 군대의 도움으로 웩스퍼드를 쉽게 점령했다. 이후 맥머로우는 렌스터의 왕권을 되찾았는데, 이때 그가 외국인의 도움을 받았다하여 '외국인들의 더모트(Dermot of the Foreigners)'로 알려지게 되었다.

다음 해인 1170년, 스트롱보우가 도착해서 피비린내 나는 전투를 치른 뒤 더블린과 워터퍼드를 점령했고, 맥머로우의 딸 이바(Eva, Aoife)와 결혼했다. 1171년 5월, 맥머로우는 예기치 않게 세상을 떠났고, 스트롱보우는 계약 조건에 따라 렌스터의 왕권을 승계했다. 그러나 스트롱보우가 계승한 왕국은 좀처럼 안정을 되찾지 못했다.

한편, 헨리 2세는 교황(하드리아노 4세)으로부터 아일랜드의 지배자로 인정을 받으려는 조치를 취하고, 스트롱보우가 하는 일을 지대한 관심과 불안한 마음으로 지켜보고 있었다. 잉글랜드의 왕에게는 스트롱보우의 세력이 커가는 것과 그의 독자적인 행보가 큰 관심사였다. 마침내 1171년 헨리 2세는 잉글랜드의 막강한 해군 병력을 워터퍼드에 상륙토록 했으며, 워터퍼드를 '왕의 도시(Royal City)'로 선포케 했다. 이로써 헨리 2세는 아일랜드 땅에 발을 들여놓은 최초의 노르만 군주가 되었으며, 길고도 운명적인 잉글랜드의 아일랜드 통치의 씨앗이 뿌려지게 되었다.

노르만족은 그들 이전의 바이킹족처럼 아일랜드에 정착했으며 토착문화에 쉽게 동화되었다. 그들은 게일어를 사용하고, 아일랜드 가문(家門)의 사람과 결혼했으며, 아일랜드인처럼 옷을 입었고, 아일랜드의 민속놀이를 했으며, 성(姓)도 아일랜드 말로 바꾸어 사용했다. 그들은 문자 그대로 토착 아일랜드인보다 더 아일랜드화 되어 갔다. 마침내 잉글랜드의 왕은 1366년 킬케니(Kilkenny) 의회에서 '킬케니 성문법

(The Statutes of Kilkenny)'을 제정해서 이와 같은 추세를 뒤엎고자 했다. 이 법의 취지는 토착민과 노르만족 간의 결혼을 막고, 아일랜드어와 아일랜드식 이름, 전통 경기인 헐링과 안장 없는 말을 타는 것 등을 금하는 일종의 인종과 문화 분리정책을 취함으로써 두 종족 간의 동화(同化)를 막고, 잉글랜드 왕실의 통치권을 강화하자는 것이었다.

그러나 이러한 조치는 때늦은 감이 있었다. 왜냐하면 이 시기에 앵글로-노르만 귀족은 토착민과 결속해서 이미 독자적인 세력 기반을 갖추었기 때문이다. 뿐만 아니라 잉글랜드가 프랑스와 '백년 전쟁(The Hundred Years War, 1337~1453)'을 치루고, 랭커스터 가문(The House of Lancaster)과 요크 가문(The House of York) 사이에 '장미전쟁(The Wars of the Roses, 1455~1485)'을 벌이는 동안, 많은 수의 부재지주들은 킬데어(Kildare)의 백작들과 같은 대리인을 내세워 농경지를 관리했으며, 잉글랜드의 왕도 자신의 대리인 총독을 파견하여 식민지를 통치했기 때문이다. 이후 2세기 동안 잉글랜드의 통치는 당시 '페일(The Pale: 말뚝, 울타리, 경계를 뜻하는 라틴어 'pallus'에서 유래한 말로, 잉글랜드의 통치 지역을 의미함)'로 알려진 더블린 인근 50마일 지역으로 점차 축소되었다.

노르만족이 아일랜드인의 생활방식에 미친 영향은 지대했다. 그들은 봉건제도와 중앙집권적 행정제도를 들여왔는데, 이는 기존 씨족 중심의 사회제도와는 완전히 다른 것이었다. 따라서 봉건제도와 행정제도가 도입됨에 따라 정부, 사회, 도시, 종교 단체 등이 새로이 재편되었고, 독자적으로 분산된 수도원들도 대륙에서 유입된 프란체스코 수도회(Franciscans), 아우구스티누스 수도회(Augustinians), 베네딕트 수도회(Benedictines), 시토 수도회(Cistercians) 등으로 대체되었다. 또한 '관습법(Common Law)'으로 명명 되었던 법제도가 들어옴에 따라 배심원과 보안관 제도가 생겨났고, 하프(harp)를 상징(오늘날 아일랜드의 엠블럼)으로 한 주화가 만들어졌으며, '주(county)'를 단위로 하는 행정제도(더블린은 1200년에 최초의 주(州)가 됨)가 시행되었다. 뿐만 아니라 노르만족은 뛰어난 군사 기술과 독특한 건축술도 가지고 왔다. 그들은 토착민의 땅을 몰수하여 신흥 영주들에게 나눠주고, 군사적 구조물로 거대한 성(城)을 축조해 이곳에서 광활한 농경지를 관리했다. 1250년 무렵에 노르만족은 아일랜드를 거의 정복해서, 전 국토의 3/4이 이들의 수중으로 들어갔다.

종교개혁과 식민

앵글로-아이리시 관계의 역사는 12세기에 영국 왕 헨리

2세의 주도하에 노르만족에 의한 아일랜드 식민지 개척과 더불어 시작된다. 이후 2세기에 걸쳐 노르만 정착민은 토착 아일랜드인보다 더 아일랜드화 되어 갔으며, 이러한 상태가 지속되었다면 아마도 아일랜드는 영국 왕의 통치를 받으면서도 만족스런 앵글로-아이리시 사회를 형성했는지도 모른다.

그러나 잉글랜드에서 헨리 8세가 왕위에 오르자 아일랜드의 정치, 사회, 종교 영역에 새로운 문제가 야기되었다. 헨리는 아일랜드 문화에 동화되어 자기에게 복종하지 않는 노르만 귀족들 대신 더블린에 왕의 대리인을 직접 파견함으로써 아일랜드를 통치하고자 했다. 이러한 조치는 정치적 긴장을 고조시켰다. 그러나 이보다 더 큰 긴장과 분규는 종교적 문제에서 비롯됐다. 1534년 헨리가 로마 가톨릭과 결별을 선언하고 잉글랜드 국교회를 세운 데 반해, 토착 아일랜드인과 노르만족은 가톨릭을 신봉하며 공동의 유대를 더욱 강화해 나갔기 때문이다. 페일 지역에 사는 잉글랜드인은 새로운 잉글랜드 정부를 열렬히 지지하는 한편, 반란을 주도하는 킬데어의 백작들을 제거하려 했다.

한편, 유럽의 가톨릭 국가들은 신교 국가로 새롭게 부상하고 있는 잉글랜드의 세력을 가톨릭 국가인 아일랜드를 이용하여 저지하고자 했다. 이에 맞서 잉글랜드의 헨리는 프랑스와 스페인이 아일랜드를 교두보로 삼아 침략해올 것을 염려한 나머지 통치권 강화에 나섰다. 그는 집요하게 저항하며 영향력을 행사하는 킬데어의 백작들(앵글로-노르만 피츠제럴드 [Fitzgerald] 가문의 사람들)을 토벌하려 했는데, 이는 그들이 늘 자신의 통치권에 심각한 위협으로 작용했기 때문이다.

당시 킬데어를 통치하던 백작의 아들인 실큰 토마스(Silken Thomas)는, 헨리가 잉글랜드에서 자기 아버지를 처형했다는 거짓 구실로 1534년 더블린과 그곳 잉글랜드 수비대를 공격했다. 이에 분노한 헨리는 더욱 과감한 공격으로 보복했다. 결국 반란은 진압되었고, 토마스와 그의 추종자들은 처형되었다. 또한 이에 대한 보복으로—이는 이후 2세기 동안 계속 자행되었지만—피츠제럴드 가문의 토지는 잉글랜드의 이주민에게 무상으로 매각되었고, 잉글랜드의 총독이 임명되었다.

이어서 헨리는 캐서린 왕비와의 이혼 문제로 관계가 불편하던 가톨릭 교회의 재산 몰수에 나섰다. 헨리의 군대는 아일랜드에 있는 수도원을 약탈하고 해체한 뒤, 1541년 아일랜드 의회로 하여금 자신을 아일랜드의 왕으로 선포토록 했다.

헨리의 뒤를 이은 엘리자베스 1세는 아일랜드에서 왕권 강화를 더욱 공고히 했다. 또한 각 지역에서 지배계층이 연이어 반란을 일으켰지만, 코노트와 먼스터에 사법권을 확립했다. 얼스터는 아일랜드 족장의 최후의 전초지(前哨地)였다. 티론의 백작이었던 휴 오닐(Hugh O'Neill)은 아일랜드에서 엘리자베스 여왕의 세력에 대항한 최후의 인물이었다. 오닐은 자신의 성(城)의 지붕을 개조한다는 명분으로 잉글랜드에 납을 주문해서 이것을 총알의 재료로 사용했다. 이 일은 잉글랜드와의 불화를 부추겼고, 결국 '9년 전쟁(The Nine Years' War, 1594~1603)'을 유발시켰다. 그는 용감하고 수완이 뛰어난 인물이었으므로, 잉글랜드의 군대는 그와 대항한 7년간의 전투에서 이렇다 할 성과를 내지 못했다.

1601년 '킨세일 전투(The Battle of Kinsale)'에서 4,500명의 스페인 원군(援軍)의 지원을 받은 아일랜드 군대는 결국 잉글랜드 군에게 패했다. 이 전투에서 오닐이 살아남긴 했지만, 그의 세력은 와해되어 마침내 잉글랜드의 왕에게 항복했다. 이어 1607년 9월 14일, 오닐과 오도넬(Rory O'Donnell)을 비롯한 90명의 얼스터 귀족들은 아일랜드를 영원히 떠나 유럽 대륙으로 도주했다. '백작들의 도주(The Flight of the Earls)'로 알려진 이 사건은, 얼스터 지역이 잉글랜드의 식민 통치를 받는 단초가 되었다. 이제 역사상 처음으로 아일랜드 전역이 더블린에 중심을 둔 강력한 잉글랜드 정부로부터 식민 통치를 받게 되었다. 심지어 아란섬(Aran Islands)과 같이 멀리 떨어진 곳도 왕의 대리인이 직접 통치했다.

토착 귀족들이 사라지자 엘리자베스와 그녀의 후계자 제임스 1세는 '플랜테이션'이라고 알려진 본격적인 식민정책을 시행했다. 즉, 토착민과 노르만들로부터 티론, 도니갈, 아마, 앤트림에 있는 50만 에이커에 이르는 방대한 옥토(沃土)를 몰수하여(1610~1641) 잉글랜드의 귀족에게 나누어주었다. 대부분이 부재지주였던 잉글랜드 귀족들은, 하사받은 토지를 분할하여 잉글랜드와 스코틀랜드에서 건너온 25,000여 이주민에게 임대했으며, 그들은 다시 토지를 나누어 소작인에게 임대했다. 이때부터 얼스터 지역에 식민의 역사가 시작되었다. 대부분이 스코틀랜드에서 건너온 17만 명의 신교도 정착민을 보호하기 위해 얼스터 지역에 23개의 새로운 도시가 세워졌다. 이러한 식민정책은 곧 얼스터 지역의 사회구조를 변화시켰다. 이들 신교도(주로 스코틀랜드계 장로교도) 새 지주들은 이전의 침략자와는 다르게 아일랜드의 토착민 및 앵글로-노르만 가톨릭교도와 쉽사리 동화하려 들지 않았다. 즉, 그들은 스코틀랜드식 이름을 유지했고, 장로교를 고수했으며, 잉글랜드의 왕에게 충성을 서약했다. 이는 결국 오늘날까지 이어지는 얼스터 분규의 씨앗을 뿌린 역사적 사건이 되었다.

이후로 종교적 이유 때문에 토착 아일랜드인과 이주해온 정착민 사이에 균열이 생겼다. 스코틀랜드에서 건너온 이주자들은 대부분 신교의 한 분파인 장로교도이었으므로 가톨릭교도에 대해 깊은 불신을 품고 있었다. 한편, 이들은 얼스터로 건너올 때 토지와 관련된 각종 법 제도와 관습을 가지고 왔는데, 이는 얼스터 지역의 안정과 경제발전에 많은 도움이 되었다. 특히, 이들 정착민은 교육과 근면을 중시했으며, 사업적 수완이 능했다. 이 모두는 19세기 동안 얼스터 지역의 산업화에 초석이 되었으며, 얼스터 지역이 아일랜드의 나머지 지역과 차별화 되는 근거가 되었다.

올리버 크롬웰과 오렌지공 윌리엄

1640년대 한동안 지속된 잉글랜드의 내란은 아일랜드의 정세에 심각한 영향을 미쳤다. 아일랜드의 소작인은 왕과 의회간의 갈등으로 야기된 불안한 시국을 십분 이용하여 잉글랜드계 지주에게 조직적으로 반기를 들었다. 급기야 1641년에는 잉글랜드계 지주 4,000여 명을 학살하는 '이주민 대학살(Massacre of the Planters)' 사건이 발생했다. 한편, 아일랜드의 토착민과 앵글로-노르만 가톨릭교도(The Old English)는 1642년에 이른바 '킬케니 동맹(The Confederation of Kilkenny)'을 맺고, 아일랜드에서 가톨릭 세력의 회복을 희망하며 신교도 의회군에 대항하는 찰스 1세를 도왔다. 10년간의 반란기간 동안 수많은 사람이 아일랜드 땅에서 피를 흘렸다.

찰스가 패하고 처형된 뒤, 승리를 거둔 의회군 지도자 올리버 크롬웰은 아일랜드에서 왕당파 잔여세력을 몰아내고 이주민 대학살에 대한 보복을 감행했다. 크롬웰은 1649년 12,000명의 군인과 함께 아일랜드로 진군해 드로이다(Drogheda)와 웩스퍼드에서 무차별 대량 학살(6,000여명)을 자행한 뒤, 국토 전역을 유린하면서 대다수 국민을 죽음의 공포로 떨게 했다. 그의 야만적 행위에 대한 소문이 빠르게 퍼져나가자, 대부분의 도시는 그의 군대가 접근해오면 아무런 저항 없이 항복했다. 많은 아일랜드 토착민은 재산을 몰수당한 채 섀넌강 너머에 있는 황량하고 척박한 코노트 지역으로 추방되었다. '지옥으로 갈래 아니면 코노트로 갈래?(To Hell or to Connaught?)'라는 말과 '크롬웰의 저주(Curse of Cromwell)'라는 말이 생겨난 것도 바로 이때였다. 국토의 25% 이상인 200만 헥타르(1천 100만 에이커)의 땅이 몰수되어 크롬웰 지지자의 수중으로 넘어갔고(가톨릭교도 토지 소유 비율: 1641년 59%, 1714년 7%), 인구는 조직적인 학살과 기근 그리고 역병으로 인해 50만 명으로 줄었다.

크롬웰이 죽은 뒤 1660년 잉글랜드에서 왕정(王政)이 복구되었고, 당시까지 심한 박탈감에 사로잡혔던 아일랜드인은 1685년에 가톨릭교도였던 제임스 2세가 왕위에 오르자 희망을 갖게 되었다. 하지만 잉글랜드의 신교도는 제임스의 종교적 성향과 귀족정치 체제의 징후에 불만을 품었다. 따라서 얼마 되지 않아 제임스의 신교도 딸 메리와 그녀의 남편 오렌지공 윌리엄이 왕위 계승자로 추대되었다. 1689년 제임스는 프랑스로 망명했으나 이후 아일랜드로 건너가 망명의 회를 구성했다. 그는 아일랜드에서 군대를 모아 의회가 임명한 신교도 왕 윌리엄으로부터 왕위를 되찾고자 했다. 제임스는 3월에 킨세일에 도착한 뒤 곧바로 북쪽에 있는 더블린으로 향했다. 여기에서 아일랜드 의회는 그를 왕으로 인정했고, 제임스는 몰수된 토지를 가톨릭 지주들에게 되돌려 주고자 했다. 이 목적을 위해 제임스의 군대는 런던데리 시를 포위한 뒤 공격했다.

이 포위 공격은 1690년 4월부터 7월까지 지속되었는데, 1690년 6월 윌리엄이 직접 300척의 함대를 이끌고 벨파스트에 도착했다. 105일 간의 포위전에서 시민 3만 명 중 1/4이 굶어죽었다. 이후 아일랜드의 신교도 사이에서 '항복은 없다!(No Surrender!)'라는 구호가 나돌게 된 것은 이 포위 공격 때문이었다.

곧 이어 스코틀랜드 출신의 제임스가 이끄는 아일랜드의 가톨릭 군대(2만 5,000명)와 네덜란드 출신의 윌리엄이 이끄는 잉글랜드의 신교도 군대(3만 6,000명)가 7월 12일 보인강 (Boyne River)에서 '보인 전투(The Battle of the Boyne)'를 벌였다. 치열한 전투 끝에 결국 제임스가 패해 그는 자신의 군대와 함께 또 다시 망명길에 올랐다. 이로써 윌리엄의 군대는 심리적인 면에서나 전략적인 면에서 완벽한 승리를 거두었다. 이 날에 거둔 윌리엄의 승리는 역사의 전환점으로 기록되고 있으며, 오늘날까지도 북아일랜드의 신교도 사이에서 '교황과 가톨릭'에 대항해서 거둔 가장 중요한 승리로 기념되고 있다.

이 사건은 지금으로부터 330여 년 전에 발생했지만, 이는 역사의 처절한 현장으로 얼스터 지역에서는 지금도 여전히 기억되고 있다. 신교도는 오늘날도 자신들을 '오렌지 사람들 (Orangemen: 오렌지공 윌리엄을 본 딴 명칭)'이라 부르며, 해마다 가톨릭 군대에 대항해서 거둔 윌리엄의 승리를 깃발을 들고 퍼레이드를 벌이며 경축하고 있다. 지금도 벨파스트에 있는 연립주택의 벽에는 당시 '빌리 왕(King Billy)'으로 불리던 윌리엄과 그가 탔던 백마(白馬)의 모습이, '항복은 없다!'라는 구호와 함께 그려져 있다.

리머릭(Limerick)은 또 다른 치열한 격전의 현장이었다. 이 전투에 대한 기억 또한 아일랜드인의 뼛속 깊이 사무쳐 있다. 1691년에 이른바 '리머릭 협정(The Treaty of Limerick)'이

조인됨에 따라, 1만 4,000명에 달하는 아일랜드의 가톨릭 무장 군인이 '기러기(The Wild Geese)'가 되어 아일랜드 땅을 영원히 떠났다. 리머릭에 남아 끝까지 그 지역을 사수한 이들은 생업에 계속 종사할 수 있는 권한과 종교의 자유는 얻었지만, 이 약속은 '조인서의 잉크도 마르기 전에' 교묘한 방법으로 파기되었다. 이후 얼마 되지 않아 가톨릭교도의 아일랜드 토지 점유율은 전체 토지의 1/7 이하로 줄어들었고, 더욱 악랄한 조치들이 뒤따랐다.

가톨릭교도의 토지 소유와 공직의 취업을 금하는 극악한 '형법(The Penal Laws)'이 1695년부터 효력을 발하기 시작했다. 이 형법은 가톨릭교도가 지배 체제에 편입되지 못하도록 할 필요가 있다고 판단된 지역들에서 실시되었다. 또한 가톨릭을 근절하기 위해 아일랜드의 문화와 음악 그리고 교육이 금지되었다. 대부분의 가톨릭교도는 은밀한 장소에서 미사를 거행했지만, 법률가 같은 전문 인력과 부유층 지주들은 지위와 재산을 보전하기 위해 신교로 개종했다. 종교보다는 계급적 특권과 토지 소유가 더욱 중요했기 때문이다. 토지는 계속해서 신교도의 수중으로 넘어갔고, 대다수 가톨릭교도는 만성적인 가난에 시달리며 비참한 생활을 영위하는 소작인으로 전락했다. 18세기 말 무렵에 가톨릭교도는 전국 토지의 겨우 5%만을 소유하고 있었다.

대기근

19세기의 아일랜드 역사는 1845년부터 1851년까지 지속된 '대기근'과 그 여파에 대한 기록이다. 아일랜드어로 '고르타 모르(Gorta Mór, Great Famine, Great Hunger)'라 불리는 이 사건은 이제껏 전무후무했던 일로 인류 역사상 가장 참혹한 사건 중 하나로 기억되고 있다.

아일랜드는 전통적으로 농업 국가였다. 전 유럽으로 번지던 산업혁명조차 대기근 동안 이 곳에는 아직 미치지 못했다. 아일랜드는 늘 영국의 곡창지대 역할을 했으며, 인구의 70%를 점유했던 농민은 거의 모두가 자기 땅이 없는 소작농이거나 영세 농가였다.

한편, 아일랜드 인구는 가톨릭 국가의 특성상 가족계획의 금지로 인해 18세기와 19세기에 걸쳐 꾸준히 증가했다. 당시 대부분의 소작농은 값비싼 임대료를 지불하기 위해 밀, 보리, 귀리 같은 환금성(換金性) 작물을 경작했지만, 자신의 생계를 위해서는 보관이 힘든 감자에만 의존하고 있었다.

1845년 무렵 아일랜드 농촌 사람의 주식은 대개 감자였다. 8월부터 이듬해 5월까지 남녀노소 600만 명이 아침, 점심, 저녁 세끼를 모두 감자로 때웠다. 한 사람이 하루에 먹는 감자의 양은 대략 3~6킬로그램이었다. 삶아서 먹고, 구워서 먹고, 버터밀크와 양파를 섞어 으깨 먹기도 했다. 케이크, 빵, 수프 재료도 감자였다. 사람뿐 아니라 돼지, 소, 닭들도 감자를 먹고 살았다(곽명단 13).

그런데 1845년에 감자 농사가 흉작이어서 대재앙이 발생했다. 하룻밤 사이에 까닭 모를 전염병이 돌기 시작하여 감자밭이 검게 변해 버렸다. 아일랜드의 농촌 사람에게 사실상 유일한 식량인 감자가 몽땅 썩어버린 것이다.

1845년 여름, 감자의 푸른 줄기들이 쑥쑥 꽃잎을 밀어낼 때였다. 이때 갑자기 하늘에서 뜨거운 비라도 내린 듯 온 들판의 감자가 쓰러져 누웠다. 어제까지만 해도 싱싱했던 감자 잎이 하룻밤 사이에 말라비틀어진 것이다. 농부들은 이 재앙의 원인을 도대체 알 수가 없어 하늘만 쳐다보았고, 그 사이 감자는 뿌리까지 썩어 들어갔다. 이 감자 잎마름병(potato blight: '파이토프토라 인페스탄스[hytophtora Infestans]'의 변종인 'HERB-1'이라는 진균[fungus])은 허리케인과도 같았다. 이 병은 메이요(Mayo), 슬라이고(Sligo), 골웨이(Galway), 코크(Cork) 등 서남부 해안 지방을 삽시간에 강타하더니, 내륙을 거쳐 동쪽으로 빠져나가면서 그 기세가 조금씩 약화되기 시작했다.

이 기근 동안 가장 큰 피해를 입은 곳은 '게일어 사용 지역(Gaeltacht, 겔탁트)'이었다. 사람들은 자기 집에서 굶어 죽거나 집에서 내쫓긴 채로 벌판이나 거리에서 죽어갔다. 때로는 지주의 집 앞에서도 죽었다. 지주들의 풍성한 식탁과 먹고 마시고 즐기는 그들의 파티를 바라보면서 원망과 탄식을 하면서 죽어갔다.

또한 전염병이 창궐했다. 굶주림을 잘 견디던 사람조차 결국 발진티푸스, 장티푸스, 콜레라, 이질, 괴혈병 등과 같은 전염병에 걸려 생명을 잃었고, 이 질병들은 아사자(餓死者)보다 많은 사람을 희생시켰으며, 시체가 여기저기서 부패하여 심한 악취를 풍겼다.

이 기간 동안 흉작은 오직 감자뿐이었다. 반면에 밀, 보리, 귀리를 재배한 지주와 영국 상인의 창고엔 곡식 자루가 가득 쌓여 있었다. 또한 수십만 명이 죽어가는 동안에도 아일랜드의 각 항구에는 연이어 수출용 배가 떠나가고 있었다. 아일랜드에서 생산한 밀과 옥수수 그리고 최상의 양모와 섬유는 다른 나라도 아닌 영국으로 실려 나가고 있었다.

이처럼 아이러니한 대기근 동안 지주에게 저항하고, 푸성귀나 찌꺼기라도 건지려고 수확을 끝낸 텅 빈 밭을 헤매며, 날마다 몇 킬로미터씩 걸어가 중노동을 해도 푼돈밖에 받지 못하고, 무료 급식소(Soup Kitchen)에서 수프를 얻어먹으며, 한 끼는 확실히 보장된 감옥에 끌려가려고 일부러 죄를 짓는 사람들도 부지기수였다(곽명단 270).

참혹한 7년의 기근이 끝나던 해인 1851년 아일랜드 땅은 완전히 폐허가 되었다. 1845년 인구 조사에 의하면 당시 아일랜드 인구는 800만 명에 달했다. 그러나 1851년에는 인구가 600만 명으로 줄었다. 100만 명의 인구가 굶주림 혹은 전염병으로 죽었다. 그리고 100만 명 정도의 인구는 가족 및 친구들과 '영원한 작별 파티(American Wake)'를 나눈 뒤, 당시 '관선(官船, coffin ships, the famine ships)'이라 불리던 낡은 배에 몸을 싣고 영국, 호주, 뉴질랜드, 캐나다, 미국 등지로 떠났다. 배에 이와 같은 이름이 붙게 된 연유는, 승선한 사람중 대략 1/5이 항해 도중 사망했기 때문이다.

이때 사람들은 수천 년 동안 사용해오던 게일어를 버렸다. 신으로부터는 믿음, 정치적으로는 애국심, 그리고 가정에서는 화목을 주었던 그들 고유의 언어였다. 영국인이 영어를 사용하라고 강요할 때에도, 부자나 지주들이 영어를 잘 구사하여 그들의 부를 보장받을 때에도 버리지 않고 지켜오던 언어였으나, 기근과 아사 앞에서는 더 이상 지켜낼 여력이 없었던 것이다(윤정모, 211-220쪽).

대기근 자체는 지진이나 해일과 같은 자연 재해이다. 하지만 분명한 것은 아일랜드에 대한 영국의 정책이 상황을 더욱 악화시켰다는 점이다. 이 사건은 이후로 아일랜드인이 영국인과 영국 정부에 대해 가슴속에 영원히 지워지지 않는 증오심과 한(恨)을 품는 계기가 되었다.

2개 국가의 운명

아일랜드는 대기근이 발생한 시점으로부터 2개 국가의 길을 걷기 시작했다. 19세기 동안 얼스터, 특히 벨파스트는 영국의 북부와 비슷한 방법으로 산업화가 이루어졌다. 발전된 산업경제 덕택에 얼스터는 농업에만 전적으로 의존하는 아일랜드의 여타 지역과는 다르게 대기근의 영향을 별로 받지 않았다. 이곳에서는 토지와 관련된 법규도 다른 지역보다는 비교적 공정한 편이었다. 따라서 남아일랜드 사람들은 그들이 받는 가난과 고통에 대해 영국 정부를 비난했지만, 얼스터 사람들은 영국과의 합병이 그들에게 번영뿐 아니라 그들의 산업제품을 판매할 수 있는 시장을 제공해 준다고 생각했다.

1892년부터 1918년까지 아일랜드의 자치(Home Rule: 국내 문제에 국한된 독립)를 쟁취하기 위한 온갖 노력이 진행되는 동안, 얼스터 사람은 이에 완강히 반대했으며, 영국과의 합병을 포기하기보다는 끝까지 싸우겠다고 나섰다.

영국-아일랜드 전쟁, 분할

1919년 1월 21일 더블린에서 아일랜드 의회가 처음으로 개원되던 날, 티퍼레리(Tipperary) 주에서 영국 경찰관 두 명이 아일랜드 의용군이 쏜 총에 목숨을 잃었다. 이로써 2년 반에 걸친 처절한 영국-아일랜드 전쟁이 시작되었다. 이 기간 동안 벌어진 전투의 특징은, 반란군의 활동과 이에 맞서는 영국군의 보복과 처형으로 점철된 게릴라전이었다.

2년 반 동안의 참혹한 전쟁을 치룬 뒤, 양측은 1921년 7월 휴전협상에 동의했다. 이어 양측이 런던에서 몇 달간 끈질긴 협상을 벌인 끝에 아일랜드 대표단은 1921년 12월 6일 '앵글로-아이리시 조약(The Anglo-Irish Treaty)'에 서명했다. 이 조약은 남부 26개 주의 독립은 허용하되, 북부 신교 지역인 얼스터 6개 주는 독립으로부터 탈퇴할 수 있는 권한을 주었다. 따라서 아일랜드의 남부는 1921년부터 '아일랜드 자유국(The Irish Free State)'이 되었고, 얼스터는 '연합왕국(The United Kingdom of Great Britain and Northern Ireland)'의 일부로 남게 되었다. 이와 같은 아일랜드의 분단은 일반적으로 '분할통치(partition)'로 알려져 있다.

'아일랜드 자유국'은 마침내 1949년 공화국임을 선포했고, 이후로 '아일랜드 공화국(The Irish Republic, The Republic of

Ireland)' '아일랜드(Ireland)' '에이레(Eire: 아일랜드의 옛 명칭)' 등의 명칭으로 불리고 있다. 오늘날 '아일랜드 공화국'은 영국 및 북아일랜드로부터 완전히 독립을 이뤄 행정부를 수도 더블린에 두고 있다.

1949년부터 북아일랜드도 벨파스트의 스토몬트(Stormont)에 의회와 총리를 두고 있다. 하지만 이들은 이 지역의 외치(外治)가 배제된 내치(內治)에만 관여할 뿐이며, 북아일랜드는 여전히 '연합왕국'의 일부로 남아 있다.

정치·종교적 갈등

처음부터 스토몬트 의회는 신교도에 의해 좌지우지되었다. 소수로 전락된 북아일랜드 가톨릭교도는 고용과 주거문제에 있어서 신교도와 대등한 관계를 누리지 못했다. 따라서 이들은 정치·종교적 갈등으로 인해 원수지간처럼 반목과 대립을 지속해오고 있었다. 신교도와 가톨릭교도 사이의 갈등은 심지어 상호 결혼까지 차단된 상태였으며, 어떤 곳에서는 교육과 주거 지역도 분리된 실정이었다. 정치·경제적으로 불리한 처지에 있던 가톨릭교도는 직업과 주택의 차별, 그리고 불공정한 법규의 철폐를 주장했으며, 이에 맞서 신교도

측에서도 가톨릭교도의 국가 사회에 대한 비협조적 태도를 비난해오고 있었다.

1960년대에 접어들자 가톨릭교도에 대한 심각한 탄압과 차별행위는 마침내 민권운동으로 발전하여 새로운 전환점을 맞게 되었다. 민권운동은 처음에는 평화적 압력단체로서 목소리를 내는데 그쳤으나, 점차 적극적 시위 양상으로 변모해갔다.

1960년대 데리(Londonderry) 주(州)의 인구는 대략 가톨릭교도 60%와 신교도 40%로 구성되어 있었다. 그러나 조작된 선거구와 제한된 투표권 때문에 시 의회는 늘 신교도가 다수를 점했다. 1968년 10월, 데리에서 벌어진 민권을 위한 가톨릭교도의 행진이 신교도 경찰력인 '왕립 얼스터 보안대(The Royal Ulster Constabulary, RUC)'의 개입에 의해 좌절되자 본격적인 시위로 번졌다. 조용하게 시작된 민권운동이 빠른 시간 내에 폭력적 투쟁으로 변질된 것이다.

1969년 1월, 벨파스트에서 데리까지 민권을 위한 또 다른 행진이 있었는데, 목적지 인근에서 신교도의 공격과 불공정한 경찰의 개입으로 많은 부상자가 속출했다. 경찰이 중립을 지키지 못하고 점점 더 가혹한 폭력을 행사하자, 항의 시위와 폭력의 난무로 무법천지가 되었다. 마침내 1969년 8월, 보다 못한 영국 정부는 치안과 질서유지를 명분으로 데리와 벨파스트에 군대를 파견했다. 이들은 처음에 방화 및 폭력에 시달리던 데리와 벨파스트의 가톨릭 거주 지역에서, 신교도들로부터 자기들을 지켜주고 보호해줄 사람으로 환영을 받았다. 하지만 이내 무장한 사람들을 색출하기 위해 가가호호(家家戶戶) 가택 수색을 일삼자, 이들은 신교도의 대변자로 낙인이 찍혀 가톨릭교도로부터 원한을 사게 되었다.

1972년 1월 30일, 데리 시민은 또 다시 평화적 시위를 벌이려 하였으나, 영국 정부가 이를 불법 집회로 간주하여 공수부대를 투입하고, 시위를 진압하는 과정에서 발포를 하여, 민간인 가톨릭교도 14명(부상자 중 죽은 사람 1명을 포함하여)이 사망하고 13명이 부상을 당함으로써 도시 전체가 피로 물드는 이른바 '피의 일요일(Bloody Sunday)' 사건이 발생했다. 물론 영국군 희생자도 상당수에 달했다(이승호 92).

이 사건 후 지금까지 잠잠했던 아일랜드 공화군(The Irish Republican Army, IRA)이 활동을 재개했다. 그들은 가톨릭 세력이 지원을 요청해옴에 따라 각자의 고향에서 가톨릭교도를 보호할 유일한 세력임을 자처했다. 처음에 그들의 활동은 평화유지라는 미미한 수준에 그쳤으나, 여기저기에서 전우들이 죽어 가는 것을 목격하면서 점점 과격해졌다. 후에 그들은 활동무대를 영국 본토로까지 넓혀서 방화, 살인, 폭행, 구금, 구타, 테러 등을 일삼았기 때문에, 각계각층의 시민과 정파의 사람들로부터 비난을 받았다. 30여 년 동안 쌍방 간에 3,700여 명이 테러로 숨졌다.

　당시 정치적 테러 행위로 북아일랜드의 교도소에 수감된 공화파 죄수들은 정치범으로 대우받기를 원했다. 하지만 이것이 거부되자 그들은 단식투쟁(Hunger Strike)을 벌였다. 이 투쟁은 1981년 5월에 극에 달했는데, 이때 보비 샌즈(Bobby Sands)는 단식 중 사망했을 뿐 아니라, 죽기 직전에 퍼마나(Fermanagh)와 남부 티론(South Tyrone)의 지역구 의회 의원으로 선출됨으로써 세계인의 이목을 집중시켰다. 하지만 이 투쟁은 영국의 대처 행정부에 별로 영향을 주지 못하고 10여 명의 희생자만 낸 채, 1981년 10월 막을 내렸다.

　한편, 이 시기에 가톨릭과 신교 양 진영에서 불법적 비밀 군대가 활약하고 있었는데, 가톨릭 편에서는 폭력적 수단을 이용하여 아일랜드의 통일을 이루려는 IRA와 INLA(The Irish National Liberation Army, 아일랜드 민족 해방군)가, 그리고 신교 측에서는 UDA(The Ulster Defence Association, 얼스터 방위 연맹)와 UVF(The Ulster Volunteer Force, 얼스터 의용군)가 활약하고 있었다.

해결책을 위한 탐색

1969년 이래로 북아일랜드 문제의 정치적 해결을 위한 많은 시도가 있었다. 1972년부터 영국 정부는 가톨릭교도에게 동등한 권리를 주는데 실패한 스토몬트 의회의 권능을 중지시키고, 웨스트민스터로부터 직접 통치를 시작했다. 1973년에는 영국 정부, 가톨릭 민족주의자(아일랜드의 통일을 원하는 사람들), 신교도 연합론자(북아일랜드가 영국의 일부로 남기를 원하는 사람들)들 사이에 이른바 '선잉데일 협약(The Sunningdale Agreement)'이라고 알려진 협정이 있었다. 하지만 연합론자들은 이 협약이 얼스터의 가톨릭 소수파에게 너무 많은 권한을 준다고 해서 반대했다. 결국 1974년 5월, 얼스터 신교도 노동자들에 의한 총파업(The Protestant Ulster Workers' Strike)이 일어나자 이 협약은 와해되었다.

1975년 북아일랜드 문제의 정치적 해결을 위한 또 다른 시도로 '헌법 의회(The Constitutional Convention)'가 구성되었다. 이는 영국 행정부에 조언을 하고, 자신들의 정치 개혁에 대한 의견을 피력하기 위해, 투표에 의해 선출된 북아일랜드 출신의 대표들로 구성된 의회였다. 그러나 이 의회는 실권이 없었을 뿐 아니라, 의회 내의 가톨릭 민족주의자와 신교도 연합론자들 사이에 의견이 상충했기 때문에 결국 실패로 끝나고 말았다.

이후 5년 동안 어떤 새로운 정치적 시도도 이루어지지 않았다. 하지만 1980년 아일랜드 정부는 마침내 영국 정부와 물밑대화를 시작했다. 중도에 많은 문제가 없었던 것은 아니지만, 두 정부 간의 대화는 결국 1985년 '앵글로-아이리시 협정(The Anglo-Irish Agreement)'을 이끌어 내는데 성공했다.

앵글로-아이리시 협정

1985년 11월 15일, 아일랜드 정부와 영국 정부는 북아일랜드 문제에 대한 새로운 정치적 협상안을 만들었다. '앵글로-아이리시 협정서'로 알려진 이 협상안은 벨파스트 인근에 있는 힐즈보루 캐슬(Hillsborough Castle)에서 영국의 마거릿 대처 총리와 아일랜드의 가렛 피츠제럴드(Garret Fitzgerald) 총리에 의해 서명되었다.

이 협정에 의하면, 아일랜드 공화국은 북아일랜드의 행정에 관해 목소리를 낼 수 있고, 아일랜드는 북아일랜드인의 다수가 동의할 때에만 통일이 가능토록 했다. 또한 두 정부는 남아일랜드와 북아일랜드의 경찰이 남북 경계 지역을 보다 안전하게 관리할 수 있도록 공동으로 노력할 것도 약속했다. 그리고 두 정부는 IRA가 북아일랜드에서 테러를 자행한 후에 남아일랜드로 은신하는 것도 막기로 했다.

이 협정은 영국의 모든 정당, 그리고 미국과 같이 아일랜드 출신의 이민자들이 많은 나라에서는 환영을 받았지만, 북아일랜드에서는 지지를 받지 못했다. 왜냐하면 민주연합당(The Democratic Unionist Party)의 지도자였던 이언 페이슬리(Ian Paisley)를 위시한 많은 신교 지도자뿐 아니라, IRA와 밀접한 관련이 있는 신페인당의 당수 게리 애덤스(Gerry Adams)도 이 협상안을 거부했기 때문이다. 하지만 이는 극단의 경우이고, 다수의 온건 가톨릭교도와 신교도는 이 협상안을 일단 시행에 옮겨보기로 했다. 비록 이 협상안의 이행 과정에서 상호 불신과 어려움이 없었던 것은 아니지만, 두 정부는 해결책을 위해 인내심을 갖고 함께 노력했다.

성(聖) 금요일 협정

1990년대에 이르러 외적인 상황들이 북아일랜드의 문제에 긍정적인 영향을 미쳐 평화의 기운이 감돌기 시작했다. EU 가입, 경제발전, 남아일랜드에서 가톨릭 세력의 약화 등은 남과 북의 격차를 좁히는데 일조했고, 아일랜드에 대한 미국의 관심은 이 문제에 국제적 성격을 더했다.

1993년 12월, 영국의 존 메이저 총리와 아일랜드의 앨버트 레이놀즈(Albert Reynolds) 총리에 의해 '다우닝가 평화선언(The Downing Street Declaration)'이 서명되었다. 이는 평화의 정착 과정에서 중요한 계기가 됐다. 왜냐하면 이 선언은 영국이 북아일랜드에서 이기적, 전략적, 경제적 관심을 두지 않는다는 점과, 헌법 개정에 관한 논의에서 다수 동의의 원칙을 따르기로 천명한 선언이었기 때문이다.

1994년 8월 31일, 신페인당의 지도자 게리 애덤스는 IRA를 대표하여 휴전을 선언했고, 이어 1994년 10월 13일에는 연합 왕당군 사령부도 휴전을 선언했다. 이들은 잇따른 폭력에 염증을 느꼈고, 폭력이 더 이상 문제 해결에 도움이 되지 않는다는 점을 인식했기 때문이다. 이후 대부분의 영국 군대는 막사로 철수했고, 거리의 모든 바리케이드도 제거되었다. 곧이어 관련 당사자들이 자신의 주장을 집요하게 고집했음에도 불구하고 일시적 평화가 찾아왔다.

미국의 클린턴(Bill Clinton) 대통령은 각 진영에서 논의 중인 문제에 대해 배후에서 막강한 영향력을 행사했다. 미국의 상원 의원 조지 미첼(George Mitchell)은 미래의 논의를 위한 6개 항의 기본 원칙을 천명하면서, 문제 해결을 적극 주도했다. 하지만 양 진영의 무장해제를 도모함으로써 평화를 되찾으려는 다자간의 노력은, 1996년 2월 9일 IRA의 휴전 무효 선언과 함께 런던의 카나리 부두(Canary Wharf)에서 폭탄이 터져 2명이 죽고 다수가 부상을 당하는 사건이 발생하자, 수포로 돌아가고 말았다.

1997년 5월, 영국에 노동당 정부가 들어서자 영국의 토니 블레어 총리와 아일랜드 공화국의 버티 어헌(Bertie Ahern) 총리에 의해 북아일랜드 문제의 평화적 해결을 위한 노력이 재개되었다. 북아일랜드의 문제에 돌파구를 연 것은 영국의 토니 블레어 총리였다. 1997년 6월 블레어는 취임(1997년 5월 1일) 후 첫 방문지로 북아일랜드의 주도(主都) 벨파스트를 찾았다. 그는 대중 앞에서 19세기 동안 영국인의 착취로 인해 200만 명의 아일랜드인이 굶어 죽거나 이민을 떠나야만 했던 대기근에 대해 사과했다. 1997년 7월 20일에는 IRA가 휴전의 재개를 선언했고, 6주 뒤에는 신페인당이 평화협상에 동참하면서 새로운 협상이 진행되었다. 1997년 말 무렵에, 아일랜드 민족 해방군(The Irish National Liberation Army, INLA)에 의해 준(準) 왕당군 지도자 빌리 라이트(Billy Wright)의 암살을 포함한 몇몇 폭력적인 사건이 발생하긴 했지만, 회담은 획기적인 진척이 있어, 마침내 1998년 4월 10일 '성 금요일 협정(The Good Friday Agreement)'이 조인되었다.

이 협정에 의하면, 북아일랜드의 정치적 미래는 북아일랜드 사람 다수의 동의에 따르기로 했는데, 이에 대해 1998년 5월 22일 북아일랜드와 아일랜드 공화국 양측에서 동시에 국민투표가 실시되었다. 이 국민투표 결과에 따르면, 북아일랜드 투표자의 71%가 위임된 민주주의를 받아들이기로 했으며, 아일랜드 공화국 투표자의 94%가 아일랜드 공화국은 더 이상 북아일랜드의 영토에 대해 권리를 주장하지 않기로 했다.

또한 이 협정에 의거하여 108명의 의원과 12명의 직능단체 행정관으로 구성된 '북아일랜드 새 의회(The New Northern Ireland Assembly)'가 탄생했다. 이 의회는 웨스트민스터로부터의 직접 통치를 종식시키고, 북아일랜드 문제를 전적으로 책임질 위임 정부의 기능을 맡게 되었다. 따라서 의회는 농업, 경제발전, 교육, 환경, 재정, 인사, 의료 및 사회복지 등에 관해 입법 및 행정의 전권을 갖게 되었다. 다만 준(準) 군사적 포로의 석방, 보안 시설물의 제거, 왕립 얼스터 보안대의 감축 등과 같은 미래의 경찰 업무를 독립적으로 위임할 경우에 대비하여 중재 조건들을 규정했다.

불행하게도 평화협정이 있던 이 해는, '성 금요일 협정'을 반대하는 사람들에 의해 자행된 잇따른 폭력 행위들로 인해 항구적 평화로 가는 길이 멀어 보였다. 1998년 여름에는 '퍼레이드 위원회(The Parades Commission)'가 오렌지 당원의 연중

행사인 '행진(매년 7월 12일에 Drumcree 교회로부터 Garvaghy Road 끝까지 갔다가 Portadown으로 되돌아오는 행사)'을 금지하면서 폭동이 일어났고, 이어 7월 12일에는 왕당군 극열분자가 가톨릭교도의 집에 화염병을 투척하여 3명의 어린아이가 불에 타죽는 사건이 발생했다. 8월 15일에는 RIRA(이전에는 IRA의 구성원이었으나 평화 정착 과정과 신페인당의 정치적 지도력에 반대하는 '진정한[Real] IRA[RIRA]'를 1997년에 결성함. RIRA는 북아일랜드의 무장 독립 투쟁을 이끈 IRA가 1997년 정전을 선언하자 영국으로부터의 독립 및 아일랜드와의 통일을 위해 무장 투쟁을 계속하겠다며 분리해 나온 강경 분파)가 집결하여 오마(Omagh)에 650kg짜리 폭탄을 던져, 29명이 숨지고 200명이 부상을 입는(전화 경보를 오인하여 왕립 얼스터 보안대가 사람들을 폭탄이 터지는 곳으로 잘못 피신시킨 결과임), 최근 30년 역사에서 가장 참혹한 사건이 발생했다. 이 사건 직후 게리 애덤스를 위시한 정치가들의 신속한 행동으로 왕당군의 보복을 막을 수 있었던 것이 그나마 다행이었다.

성 금요일 협정을 넘어서

'성 금요일 협정'을 이행하기 위한 노력이 계속 난관에 부딫히다가, 1999년 11월 얼스터 연합당 당수 데이비드 트림블(David Trimble)과 신페인당 당수 게리 애덤스가 장장 300시간에 달하는 마라톤협상(트림블은 상이한 문화 전통을 서로 인정할 필요성을 역설했고, 애덤스는 IRA 해체의 필요성을 역설함)을 벌인 끝에, 마침내 합의에 도달했다. 드디어 1999년 11월 29일, 북아일랜드에 연립정부가 들어서고 런던으로부터의 직접 통치가 종식됨에 따라 아일랜드 역사에 새로운 장을 열게 되었다. 그러나 2004년 말 북아일랜드에서 발생한 은행 탈취 사건(The Northern Bank Robbery)은 평화정착의 노력에 먹구름을 드리우게 했다. 신교도는 이 사건이 IRA의 정치 자금 마련을 위한 것이라면서 신페인당과의 대화를 거부했다. 그럼에도 불구하고 2005년 7월, IRA의 '무장 해제' 선언은 북아일랜드의 문제에 새로운 희망이 되었다(이승호 95).

내전, 테러, 암살로 점철돼온 북아일랜드 역사에 드디어 평화의 씨앗이 뿌리를 내리기 시작했다. 정치·종교적 견해 차로 거의 한 세기동안 대립해온 북아일랜드의 양대 정파 지도자가 2007년 3월 26일 처음으로 자리를 마주했다. 신교 정당인 민주연합당(The Democratic Party, DUP)의 이언 페이슬리 당수와 가톨릭 정당인 신페인당의 게리 애덤스 당수는 회담이 끝난 뒤에 분쟁 없는 새로운 시대를 약속했다.

종교와 독립문제로 오랫동안 갈등을 빚어오던 북아일

랜드의 신·구교 세력이, 마침내 2007년 5월 8일 '공동자치정부'를 출범시키고, 피로 얼룩진 분쟁에 종지부를 찍었다. 이로써 30여 년 간 무장투쟁을 벌여온 아일랜드 공화군이 2005년 7월에 무장해제를 선언한 지 2년 여 만에, 평화를 위한 가시적 성과를 거두었다.

그러나 자치정부 출범 후에도 RIRA 등 북아일랜드의 완전한 독립을 주장하는 반체제 조직은 무장을 정비하며 반정부 테러 움직임을 보였다. 급기야 2009년 3월에는 북아일랜드의 경찰과 영국군이 RIRA로 추정되는 단체로부터 피격을 받았으며, 2011년 5월에는 북아일랜드 제2의 도시 런던데리에서 폭탄 테러가 발생하는 등 긴장이 계속됐다.

하지만 2011년 5월 17일, 엘리자베스 2세 영국 여왕이 1911년 조지 5세의 아일랜드 방문 이후 100년 만에 처음으로 아일랜드를 방문하여, 상처 받은 아일랜드인에게 온 마음을 담아 위로의 뜻을 전했으며, 이어 이듬해인 2012년 6월 27일에는 북아일랜드를 방문하여, "과거에 미래가 저당 잡혀서는 안 된다"는 메시지로 화해 무드를 조성했다. 또한 이에 대한 답례로 2014년 4월 8일에는 마이클 히긴스(Michael D. Higgins) 아일랜드 대통령이 영국을 첫 국빈 방문하여, 지난 800년 동안 쌓였던 앙금을 털고 역사적 화해의 손길을 내밀었다.

21세기 문턱에서 북아일랜드의 문제를 생각해볼 때, 그 어느 누구도 북아일랜드의 모든 문제가 완전히 해결되었다고는 감히 주장하지 못할 것이다.

그러나 지금까지 더 나은 방향으로의 변화가 된 것은 주지의 사실이다. 지금 북아일랜드에서는 모든 정치적, 종교적 이해 집단이 호혜와 상호공존의 정신으로 살아가는 법을 배우려 노력하고 있다.

이제 북아일랜드에는 진정한 평화가 서서히 깃들고 있으며, 이 평화는 해를 거듭할수록 더욱 공고해질 것이다.

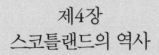

제4장
스코틀랜드의 역사

스코틀랜드 개관

거친 자연과 역사가 숨 쉬는 땅, 갈색 황야(heath)와 숲이 울창한 땅, 산과 홍수의 땅 스코틀랜드는 예전에 칼레도니아(Caledonia: 로마인이 붙인 명칭으로 '숲의 나라[Land of Woods]'라는 뜻)로 불렸으며, 잉글랜드, 웨일스, 북아일랜드와 함께 영국을 구성하는 4개의 행정구역 중 하나로, 위도 상으로 가장 북쪽에 위치하고 있다.

스코틀랜드는 1973년의 지방행정법에 따라 1975년부터 9개의 지구(Region)와 3개의 섬 지구(Island Area)로 나뉘며, 주도(主都)는 에든버러(Edinburgh)이고, 경제의 중심은 글래스고우(Glasgow)이다. 잉글랜드와는 별개의 자치법으로 통치되고, 독자적인 사법제도와 보건 및 교육제도를 운영하고 있으며, 국교회 제도도 독립적으로 존재한다(조일제 193-94).

면적은 그레이트브리튼섬의 1/3정도(약 7만 9천 제곱킬로미터)이며, 인구는 영국 전체 인구의 약 8%(5백 30만 명)를 차지한다. 영국에서 기온이 가장 낮아 여름철에도 평균 섭씨 15도를 유지한다. 강수량은 서부 지역에 집중되는 경향이 있으며, 기후 변화는 산악지역이 특히 심하다.

스코틀랜드는 남쪽에서 북쪽으로 지리·문화적으로 뚜렷이 구분되는 3개 지역으로 나뉜다. 우선 잉글랜드와 경계를 이루는 곳 바로 북쪽이 남부 고지대(The Southern Uplands) 지역이다. 이곳은 완만한 구릉지로 이따금씩 멀리 떨어져 형성된 작은 도시로 구성되며, 목양업이 경제활동의 주류를 이루고 있다.

이곳에서 조금 더 북쪽으로 올라가면 구릉지가 파도치듯 펼쳐지는 중앙 평원(The Central Plain) 지역이 있다. 이곳과 동쪽 해안선을 따라 북쪽으로 뻗어있는 지역에 스코틀랜드 인구의 80% 이상이 거주하고 있으며, 에든버러, 글래스고우, 던디(Dundee), 애버딘(Aberdeen)과 같은 대도시들이 위치하고 있다. 오늘날 이 지역은 잉글랜드의 북부 산업지역과 마찬가지로 경제적 어려움을 겪고 있지만, 북해산 유전 덕택에 경제가 점점 호전되고 있다.

마지막으로 가장 북쪽에 산과 깊은 골짜기, 그리고 서해 안에서 멀리 떨어진 수많은 작은 섬들(787개의 섬들 중 130여개 만 사람들이 살고 있음)로 구성된 하일랜드(The Highlands) 지역 이 있다. 하일랜드는 스코틀랜드 전체 면적의 2/3 정도를 차 지하고 있으며, 스코틀랜드의 심장과 영혼을 간직한 곳이다. 하일랜드의 중심도시 인버네스(Inverness), 네시(Nessie) 괴물로 유명한 네스호(Loch Ness), 황량하게 바위가 드러난 벤네비 스산(Ben Nevis, 해발 1,343미터), 천상의 세계처럼 아름다운 글 렌코(Glencoe)협곡 등 인간의 손이 거의 닿지 않아 진정한 스 코틀랜드의 이미지를 볼 수 있는 곳이 바로 이곳이다. 대략 100만 명 정도의 인구가 모여 살고 있는 이곳 경제는 관광업 과 위스키 산업이 주류를 이루고 있다.

스코틀랜드에는 3개의 주요 도시가 있는데, 각기 다른 모 습으로 유명하다. 우선, 6세기 때부터 도시의 형태를 갖춰 '사랑스런 초록의 땅(Glasgow는 게일어로 'Glas cu'라 불렸는데, 이 는 'dear green place'란 뜻임)'으로 불렸던 글래스고우는 스코틀 랜드에서 가장 큰 도시이며, 영국에서는 세 번째(첫 번째는 런던, 두 번째는 버밍엄[Birmingham])로 큰 도시(인구 60만 명)이 다. 이 도시는 18세기에 산업혁명을 주도했으며, 이후 중공 업, 조선업, 교역 등이 활성화되면서 스코틀랜드의 최대 산 업도시로 발전했다. 19세기 말에는 디자이너 찰스 매킨토

시(Charles Rennie Mackintosh)가 설계한 글래스고우 예술학교(Glasgow School of Art)의 명성으로 유럽의 디자인과 건축을 선도하는 위치로 자리매김하게 되었고, 1990년에는 유럽의 문화도시로 선정되었다.

고색창연한 스코틀랜드의 중심 도시 에든버러는 구시가지와 신시가지 전체가 1995년 유네스코(UNESCO) 세계문화유산으로 지정될 만큼 아름다운 자연과 스카이라인을 자랑한다. 에든버러는 15세기 이후 스코틀랜드의 수도가 되었으며, 면적은 264 제곱킬로미터, 인구는 49만 명으로 스코틀랜드의 정치, 경제, 행정, 교육, 학문, 법률, 상업, 문화, 관광의 중심지로, 중세의 정취와 현대 도시의 세련미를 동시에 느낄 수 있는 곳이다. 또한 이곳은 수많은 역사적 건축물과 문화유산, 그리고 우뚝 솟은 바위산에 자리 잡은 에든버러 성(Edinburgh Castle)이 있어 '북부의 아테네(The Athens of the North)' 또는 '북부의 파리(The Paris of the North)'로 불리기도 한다.

에든버러의 중심부에서 동서로 뻗어 있는 프린세스 스트리트(The Princes Street), 스코틀랜드의 문인 월터 스콧 기념탑(Walter Scott Monument), 프린세스 스트리트 정원, 에든버러 성과 칼튼 힐(Calton Hill)에서 바라본 스카이라인은 말 그대로 환상적 분위기를 연출한다. 여기에 옛 모습 그대로의 길들이 서로 얽혀 있는 로열마일(The Royal Mile), 홀리루드하우스 궁전(Palace of Holyroodhouse)과 퀸스 드라이브(Queen's Drive) 일대에 펼쳐진 거대한 홀리루드 공원(Holyrood Park)의 모습은 퍽이나 인상적이다. 특히 1947년부터 이곳에서 개최되는 '에든버러 페스티벌(The Edinburgh Festival)'의 명성으로 인해 매년 8월이면 세계 도처에서 몰려드는 예술가들로 인산인해(人山人海)를 이룬다. 이중 세계 문화도시의 명예를 안겨준 '에든버러 프린지 페스티벌(The Edinburgh Fringe Festival)' 은 지금도 많은 이들의 관심을 끌고 있다.

스코틀랜드에서 세 번째로 큰 도시이자, 유럽의 해안 유전도시 애버딘은 1972년 북해 유전이 발견된 이후 번창일로에 있다. 영국의 가장 중요한 어항(漁港)이기도 한 이곳은 스코틀랜드의 최대 어시장으로 청어와 대구의 집결지이기도 하다. 또한 "어느 날 아침, 잠에서 깨어보니 내 자신이 유명해져 있었다(When I awoke one morning, I found myself famous.)" 라고 말한, 영국의 낭만주의 시인 바이런(George Gordon Byron, 1788~1824)이 생활했던 곳이기도 하다.

역사

"스코틀랜드 사람들은 모든 시간을 전쟁에서 보낸다. 그리고 전쟁이 없을 때에는 자기들끼리 싸운다"는 말처럼, 스코틀랜드의 역사는 로마가 영국을 침략한 이후부터 외국의 지배 야욕을 물리치기 위한 항전의 역사였다. 따라서 전쟁의 땅 스코틀랜드에서는 잉글랜드, 프랑스, 스페인 사이에 늘 피비린내 나는 전투가 떠날 날이 없었다.

로마인들

AD 43년 로마의 클라우디우스 황제가 브리튼섬을 침략했다. 하지만 오늘날 스코틀랜드 국경 너머까지는 세력이 미치지 못했다. 이후 122년 로마의 하드리아누스 황제는 스코틀랜드의 스코트족과 픽트족의 남침을 격퇴하고 북쪽의 국경 지역을 보호할 목적으로 '하드리아누스 성벽'을, 142년에는 안토니누스 피우스 황제가 훨씬 더 북쪽 지점에 '안토니누스 성벽'을 세워 스코틀랜드와의 교전(交戰)을 피하고자 했다.

스코틀랜드의 명칭

스코틀랜드에는 일찍이 17개의 상이한 부족이 살고 있었는데, 400년경 로마인들이 스코틀랜드를 포기하고 떠날 무렵에는 각각의 왕을 섬기는 4개의 부족으로 나뉘어 있었다. 이들 중 원주민격인 픽트족(Picts: 라틴어로 'painted people'이란 뜻)은 북부와 동부에서, 6세기경에 북아일랜드로부터 건너온 스코트족(Scots, Scottie)은 남서지역에서, 그리고 앵글로색슨족에게 쫓겨 잉글랜드로부터 이주한 브리튼족(Britons)과 앵글족(Angles)은 남부에서 살았다. 스코틀랜드(Scotland)라는 지명은 아이러니하게도 스코트족의 명칭으로부터 유래했다.

기독교와 성 골룸바

스코틀랜드의 기독교 전파는 4세기 후반에 성 니니언(St. Ninian)에 의해 시작되었다. 그는 로마에 다녀온 후 휘돈(Whithorn)에 교회를 세우고 선교의 본부로 삼았다. 그러나 스코틀랜드 종족의 기독교화는 쉽지 않았으며, 이후 아일랜드로부터 건너온 선교사 성 골룸바(St. Columba)에 의해 본격적으로 이루어졌다. 그는 563년 아이오나(Iona)섬에 수도원을 세우고 선교를 시작했다. 그의 노력에 힘입어 기독교는 급속히 퍼져나갔고, 800년경에는 그를 추종하는 선교사들이 유럽 전역에서 활약했다.

스코트 왕국

서로 다른 인종으로 구성된 스코트 왕국(Kingdom of the Scots)의 통일은 결코 쉽지 않았다. 하지만 기독교라는 공통의 종교적 기반이 부족 간의 합병과 통일을 용이하게 했다. 따라서 843년 픽트족의 왕 케니스 맥알핀(Kenneth McAlpin)은 정복과 정략결혼을 통해 픽트 왕국과 스코트 왕국을 하나로 통합하고 이를 '스코샤(Scotia)'라 불렀다. 그는 수도(首都)를 스콘(Scone)으로 정하고, '스콘(운명)의 돌(The Stone of Scone, The Stone of Destiny: 이 돌은 스코틀랜드의 왕권, 정통성, 그리고 자부심의 상징이다. 직사각형 형태의 사암[砂巖]으로 붉은 빛을 띠는 이 돌은 BC 시대에 성지[聖地, The Holy Land]로부터 이집트와 스페인을 거쳐 아일랜드로 옮겨져 한동안 쓰였던 돌이다)'을 이곳으로 가져와, 이후로 이 돌을 스코틀랜드 군주의 대관식에 사용하는 전통을 세웠다.

890년부터 바이킹족의 침략이 뒤따랐다. 이들 노스족은 스코틀랜드 서쪽의 섬들을 370년 동안 점령했고, 셰틀랜드(Shetland) 제도와 오크니(Orkney) 제도는 장장 600년 동안 점령했다. 브리튼족은 노스족의 위협에 쫓긴 나머지 스코샤에 합병되었고, 앵글족도 1018년 패배를 면치 못했다. 11세기 초 맬컴 2세(Malcolm II)는 스코틀랜드를 통일시키는데 성공했지만, 왕위를 둘러싼 정쟁은 계속되었다. 셰익스피어에 의해 유명해진 던컨(Duncan), 맥베스(Macbeth), 던컨의 아들 맬컴 3세(Malcolm Canmore) 등이 서로 죽이고 죽는 피비린내 나는 권력암투가 발생한 것도 이 때였다(박지향 26).

봉건주의와 씨족

1057년에 즉위한 맬컴 3세는 잉글랜드의 정복왕 윌리엄과의 전투에서 패한 뒤 그를 종주왕(宗主王)으로 인정했다. 이때부터 스코틀랜드가 잉글랜드에 예속되는 역사가 본격적으로 시작되었다(박우룡 29). 한편, 잉글랜드 출신의 마거릿(Margaret, 1045~1093)과 재혼한 맬컴 3세는 마거릿의 강력한 영향으로 봉건제도를 도입하고 종교적 기반을 다졌다. 따라서 그의 영향력이 미치는 저지대(Lowlands)와 씨족(clans) 중심사회인 고지대(Highlands) 사이에 문화와 관습의 차이가 점차 심화되는 계기가 되었다.

윌리엄 윌리스(William Wallace)와 로버트 더 브루스

스코틀랜드 왕실의 혈통이 끊기고 유력자들 간에 왕위를 쟁취하기 위한 권력투쟁이 벌어지자, 잉글랜드의 왕 에드워드 1세는 1296년 이 기회를 십분 활용했다. 그는 무력과 정략결혼(자기 아들[Edward II, 1307~1327]을 스코틀랜드의 어린 여왕 마거릿[Margaret, 1283~1290]과 결혼시킴)을 통해 잉글랜드와 스코틀랜드를 통합시키고자 했다. 그는 심지어 스코틀랜드의 주권을 상징하는 '스콘의 돌'도 강탈했다. 영국은 1996년까지 이 돌을 스코틀랜드에 돌려주지 않고 웨스트민스터 사원에 7세기 동안 보관하면서 그레이트브리튼섬 전체의 패권을 장악하려는 야망을 포기하지 않았다.

에드워드 1세의 침략을 받은 스코틀랜드는 민족의 영웅 윌리엄 월리스(1297~1305, 영화 〈Brave Heart〉의 주인공)의 영도(領導)하에 항전을 계속했으나 뜻을 이루지 못했다. 1307년 '스코트족의 망치(Hammer of the Scots)'로 악명이 높았던 에드워드 1세가 스코틀랜드로 오는 도중 세상을 떠나자, 로버트 더 브루스(Robert the Bruce)는 승승장구하여 1314년 6월 23일 스털링 인근에 있는 '배넉번 전투(The Battle of Bannockburn: 스코틀랜드의 국가[國歌] 〈스코틀랜드의 꽃〉은 배넉번 전투에서의 승리를 기리는 노래임)'에서 10만 명이나 되는 에드워드 2세의 군대를 물리치고 완벽한 승리를 거두었다. 하지만 이것이 결코 끝은 아니었다. 잉글랜드인과 스코틀랜드인은 수 세기 동안 스코틀랜드의 남부 국경 지역을 넘나들면서 전쟁을 벌였다.

스튜어트 왕조와 르네상스

1329년 로버트 더 브루스가 세상을 떠나자 스코틀랜드는 내분(內紛)과 잉글랜드와 계속된 전쟁으로 황폐화되었다. 수도 에든버러는 영국군에게 수차례나 점령당했으며, 세인트 자일스 대성당(The Kirk of St. Giles)마저도 잿더미가 되었다.

1503년 스코틀랜드 스튜어트 왕조의 혈통을 이은 제임스 4세(James IV)는 잉글랜드 튜더 왕조의 시조(始祖)인 헨리 7세 (Henry VII)의 딸 마거릿 튜더(Margaret Tudor)와 정략결혼(이는 후에 영국과의 비극적 합병의 씨앗이 됨)을 했다. 하지만 '엉겅퀴 (스코틀랜드의 국화)와 장미(잉글랜드의 국화)의 결혼(The Marriage of the Thistle and the Rose)'으로 알려진 이 결혼조차도 제임스 와 헨리 사이의 전쟁을 막지 못했고, 제임스는 결국 1513년 '플로든 전투(The Battle of Flodden)'에서 10,000여 명의 부하 들과 함께 세상을 떠나고 말았다.

한편, 제임스의 통치기간 동안 르네상스 분위기가 무르 익었다. 윌리엄 던바(William Dunbar), 가빈 더글라스(Gavin Douglas) 등과 같은 수많은 시인들이 등장하였으며, 우아한 스코틀랜드 건축물들도 이때 생겨났다. 대표적인 르네상 스 건축 양식은 홀리루드하우스 궁전이나 스털링 성(Stirling Castle) 등에서 볼 수 있다.

스코틀랜드의 메리 여왕, 종교개혁

스튜어트 왕조 출신으로 제임스 5세(James V)의 딸이자, 제임스 6세(James VI)의 어머니였던 메리(Mary Stuart, Queen of Scots, 1542~1567)는 어린 나이에 프랑스로 보내져 프랑스 궁정에서 총명한 소녀로 자랐다. 그녀는 프랑스어, 라틴어, 그리스어, 스페인어, 이탈리아어를 유창하게 구사했으며, 문학, 사냥, 승마, 바느질, 악기에도 능했다. 또한 메리는 당대의 왕녀들 중 가장 아름답고 몸매가 늘씬한 것으로 유명했다. 18세 때 스코틀랜드로 돌아온 메리는 여러 차례의 결혼 염문과 사촌지간이었던 잉글랜드의 여왕(엘리자베스 1세)에 의한 처형 등으로 세간을 떠들썩하게 했다.

메리가 프랑스에서 독실한 가톨릭교도로 자라는 동안, 스코틀랜드에서는 종교개혁의 물결이 한창이었다. 스위스의 종교 개혁가 칼뱅(Calvin)을 추종했던 존 녹스(John Knox)가 여타의 유럽지역처럼 가톨릭을 신봉하는 스코틀랜드에 장로교를 세웠기 때문이다. 이후로 스코틀랜드에서는 150여 년 동안 가톨릭과 장로교 사이에 종교적 갈등과 분규가 잇따랐다.

왕실의 합병, 보니 프린스 찰리와 자코바이트 반란

잉글랜드의 여왕 엘리자베스 1세가 후사 없이 세상을 떠나자, 당시 스코틀랜드의 왕이었던 제임스 6세가 1603년 스코틀랜드와 잉글랜드의 왕 제임스 1세가 됨으로써 두 개의 왕실이 합병(Union of Crowns)되었다. 이러한 왕실의 통합은, 1707년 앤 여왕 시대에 연합법 제정으로 스코틀랜드와 잉글랜드 의회가 통합됨으로써 마침내 연합왕국의 성립에 까지 이르게 되었다.

하지만 스코틀랜드의 하일랜드 사람과 서부 도서(島嶼) 지역 사람은 이러한 변화를 반기지 않았다. 이들은 명예혁명으로 폐위된 제임스 2세의 아들(James III)과 손자(Bonnie Prince Charlie, Prince Charles Edward Stewart, 1720~1788)를 중심으로 규합하여 스튜어트 왕조의 회복을 도모하기 위해 두 차례 (1715년, 1745년)의 자코바이트 반란(The Jacobite Rebellion: 자코바이트는 제임스 2세의 라틴어 이름인 'Jacobus'에서 유래하며, 제임스 2세의 추종자들을 의미함)을 일으켰는데, 이는 잉글랜드에 대한 스코틀랜드인의 최후의 저항이었다. 비록 찰리 왕자가 주도한 두 번째 반란에서 어느 정도 성공을 거두긴 했지만, 반란군은 1746년 '컬로든 전투(The Battle of Culloden)'에서 처참하게 패하고 말았다. 이때부터 스코틀랜드는 독자적인 의회를 포기하고, 45명의 지역구 대표를 영국 의회의 하원에, 그리고 귀족 대표 16명을 상원에 보내는 권리를 받아들인 뒤 새로운 하노버 왕조를 인정하게 되었다.

하일랜드 사람들의 강제 이주

컬로든 전투가 끝난 뒤 영국 정부는 스코틀랜드가 다시는 반란을 일으키지 못하도록 잔인한 복수를 했다. 이 전투는 특히 하일랜드 역사의 전환점이 되었다. 왜냐하면 전통적 씨족제도가 붕괴되고, 영국 정부가 일련의 법 제정을 통해 하일랜드의 문화와 생활방식을 완전히 말살시키려 했기 때문이다. 즉 타탄(tartan)의 착용, 백파이프(bagpipe)의 연주, 스코틀랜드-게일어의 사용, 하일랜드 민속 경기, 무기의 소지 등이 철저히 금지되었다.

또한 1760년대부터 하일랜드인의 강압적 이주가 시작되었다. 씨족제도가 와해되자, 지주들은 군사적으로나 경제적으로 더 이상 쓸모가 없게 된 소작인을 가옥과 토지에서 강제로 내쫓고, 자신에게 보다 큰 이익을 보장해줄 양들을 키우고자 했다. 따라서 하루아침에 알거지가 된 수많은 소작인들은 도시 노동자로 전락하거나, 더 나은 삶을 찾아 호주, 뉴질랜드, 캐나다, 미국 등지로 이민을 떠났다. 이처럼 하일랜드의 옛 생활방식과 문화가 사라진 방식은 아메리카 인디언들의 방식과 유사한 면이 있다.

산업혁명과 문명의 개화

하일랜드 지역이 텅비어가고 있는 와중에도, 스코틀랜드의 저지대는 산업혁명의 중심지로 자리매김을 하고 있었다. 특히, 글래스고우가 '대영제국의 작업장' 역할을 톡톡히 했다. 스코틀랜드 출신 제임스 와트에 의한 증기기관의 발명에 힘입어, 리넨, 면직물, 담배, 조선, 건축, 석탄, 철강, 중공업, 화학공업 등의 산업이 산업혁명을 주도했기 때문이다.

한편, 스코틀랜드의 사상가이자 철학자였던 데이비드 흄(David Hume), 경제학자 애덤 스미스(Adam Smith), 국민 시인 로버트 번스(Robert Burns), 역사 소설가 월터 스콧(Sir Walter Scott), 저명한 건축·토목 기술자 토마스 텔퍼드(Thomas Telford), 지질학자 제임스 후튼(James Hutton), 화학자 조셉 블랙(Joseph Black), 화가 알랜 램시(Allan Ramsay) 등이 활약하고, 해외 식민지 개척과 탐험에 적극적으로 나선 것도 이때였다.

북해 유전과 권력 이양 과정

대륙과 인접해 있는 영국의 여타 지역과 다르게 북쪽에 위치한 스코틀랜드는 제2차 세계대전의 영향을 별로 받지 않았을 뿐 아니라, 군수물자의 제조와 조달을 통해 오히려 이 기간 동안 번영을 누렸다. 하지만 전쟁 이후 조선업과 중공업이 붕괴되자 극심한 경기침체기를 겪었다. 다행히도 1960년대 후반부터 북해에서 개발된 유전이 스코틀랜드의 경제부흥에 일조했다. 경제가 되살아나자 스코틀랜드인의 국민의식도 덩달아 고조되었으며, 이와 함께 스코틀랜드 독립당(The Scottish Nationalist Party, SNP)이 정치의 중심축으로 등장했다.

1979년 스코틀랜드 의회를 되찾기 위한 국민투표가 있었으나 부결됨으로써 1979년부터 1997년까지 영국의 보수당 통치를 받아야만 했으며, 1997년 노동당의 승리와 함께 또 다시 치러진 국민투표에서 선전함에 따라 1999년부터는 독자적인 스코틀랜드 의회(1999년 5월 12일 개원)를 둘 수 있는 길이 열렸다. 따라서 스코틀랜드는 1999년부터 웨스트민스터 의회로부터 권력을 이양 받아 독자적 의회를 운영하고 있다. 또한 국교회, 법, 교육, 통화제도 등도 독립성을 유지하고 있으며, 영국 행정부 내각에도 스코틀랜드의 교육, 지자체, 기타 중요한 문제들을 책임지는 '스코틀랜드 국무장관 (The Secretary of State for Scotland)'이 있다.

2014년 9월 18일에는 관련 당사자들의 지대한 관심 속에 스코틀랜드의 분리 독립에 대해 찬반을 묻는 국민투표가 있었으나 찬성 45%, 반대 55%로 부결된 바 있다. 하지만 2015년 5월 7일에 치러진 총선거에서는 스코틀랜드 독립당이 전체 59개 의석 중 56석을 차지함으로써 분리 독립에 대한 열망과 재투표에 대한 기대를 다시금 불러일으키고 있다.

제5장
웨일스의 역사

웨일스 개관

웨일스어로는 '친구들의 나라(The Country of Friends)' 또는 '켈트인들의 나라(The Country of Celts)'를 뜻하는 '컴리(Cymru)'로 불렸고, 로마인에 의해서는 '캄브리아(Cambria)'로 불렸던 웨일스는 고대 영어로 '이방인(foreigners)'을 뜻하는 'wealas'에서 유래했다.

채플, 남자 성가대, 럭비 유니언(Rugy Union), 골짜기와 산악지형 등으로 유명한 웨일스는 영국에 합병(1536년에 합병)된 지 480여 년이 지났지만, 오늘날까지도 그들 고유의 언어와 문화, 그리고 전통을 온전히 유지해오고 있다.

웨일스는 영국을 구성하는 4개의 행정구역(잉글랜드, 스코틀랜드, 웨일스, 북아일랜드) 중 하나로 그레이트브리튼섬에서 스코틀랜드와 잉글랜드를 제외한 나머지 부분에 해당된다. 또한 그레이트브리튼섬에서 동쪽으로는 잉글랜드와 국경을 마주하고 있으며, 서쪽으로는 대서양과 아일랜드 해(海)에 접해 있다. 웨일스의 총 면적은 2만 779제곱킬로미터이고, 인구는 306만 3,456명(2011년 기준)이며, 해안선의 길이는 1,200킬로미터, 남북의 거리는 242킬로미터이다.

켈트족이 이주해서 대대로 살아온 웨일스는 잉글랜드의 중앙 지역으로부터 서쪽에 위치하고 있으며, 대부분 지역이 해발 200미터의 구릉지로 산과 계곡의 변화무쌍한 경관이 아름답게 펼쳐진다.

북 웨일스의 서쪽은 잉글랜드와 웨일스에서 가장 높은 스노든산(Snowdon Mountains, 해발 1,085 미터)이 있고, 바위가 많은 산악지역이다. 이 중에서 2,137제곱킬로미터에 달하는 스노도니아 국립공원(The Snowdonia National Park)은 가장 유명한 지역이다.

중부 웨일스 역시 캄브리아 산맥(The Cambrian Mountains)이 중앙으로 이어져 내려오는 산악지대로, 주민 수가 매우 적으며, 대부분의 정착지는 산맥의 동부지역에 위치하고 있다. 338킬로미터에 달하는 세번강(Severn River)은 캄브리아 산맥에서 발원하여 브리스틀 해협(The Bristol Channel)으로 흘

러든다. 이 강의 약 80% 정도가 항행(航行)에 적합하므로 템스강과 함께 영국에서 가장 중요한 강에 속한다. 강어귀에는 철도용 수저(水底) 터널과 도로용 현수교가 잉글랜드와 남웨일스를 연결하고, 상류에는 댐과 발전소가 있다.

남서 웨일스는 다양한 경치와 아름다운 풍광으로 인해 사람이 살기 좋은 지역으로, 스완지(Swansea, 24만 명), 카디프(Cardiff: 중심도시[主都], 34만 명), 뉴포트(Newport, 14만 5,700명) 등의 대도시들이 있으며, 브레컨 비컨스 국립공원(The Brecon Beacons National Park)과 펨브로크셔 해안국립공원(The Pembrokeshire Coast National Park) 등이 있다.

역사

초기 역사

웨일스의 초기 역사에 관해서는 별로 알려진 바가 없지만, 고고학적 유물에 의하면 BC 2000년경에 처음으로 사람들이 이주해 와서 살았던 것으로 추정된다.

웨일스 민족을 구성하고 있는 켈트족 전사들은 BC 600년경 드루이드(Druid: 켈트시대의 종교 지도자)들과 함께 중유럽으로부터 건너왔으며, 이후 웨일스의 역사와 문화에 지대한 영향을 미쳤다. 그들은 각종 기술과 예술을 발전시켰으며, 새로운 언어를 가져왔고, 사회구조와 신앙체계를 확립했다. 시인이자 사제였던 드루이드들은 신성(神性)에 관한 식견(識見)으로 존경을 받았으며, 스토리텔링과 노래에 관한 구전(口傳, oral tradition)의 전통을 시작했는데, 이러한 문화는 오늘날까지도 면면히 이어져오고 있다.

로마인들

43년 로마군이 그레이트브리튼섬을 정복하자, 근 600년 동안 웨일스에 정착해서 살아오던 켈트족이 완강히 저항했다. 또한 60년에는 드루이드들의 본거지인 모나(Mona, 오늘날의 Anglesey)에서 켈트족과 로마인들 사이에 격렬한 전투가 있었으나, 로마인들은 웨일스를 완전히 정복하지 못했고 단지 통치하는데 그쳤다. 이후로 켈트족은 로마인들과 서로 어울려 지내면서 새로운 문화에 서서히 적응해 갔다.

웨일스의 성립

웨일스의 본격적인 역사는 앵글로색슨시대로부터 시작된다. 5세기에 로마제국의 멸망과 함께 앵글로색슨족이 그레이트브리튼섬을 침략해오자, 이에 쫓긴 켈트족은 웨일스로 몰려가서 여러 개의 왕국을 세웠다. 이들 군소 왕국들은 서로 분립하여 다투는가 하면, 앵글로색슨족과의 항쟁도 격렬하게 벌였다. 6세기경에는 앵글로색슨족의 침입에 완강히 저항했던 전설상의 영웅 아서왕의 신화가 만들어지면서, 그는 웨일스인의 저항의식에 대한 상징이 되었다. 또한 이 시기에는 성 데이비드(St. David, 웨일스의 수호성인)를 위시한 선교사들의 노력에 힘입어 기독교가 널리 전파되고, 곳곳에 교회와 수도원이 세워졌다. 이후 성 데이비드는 웨일스의 수호성인이 되었으며, 그가 지정한 리크(leek, 서양부추)는 웨일스의 국장(國章, national emblem)이 되었다.

오파의 제방

8세기 후반(770년 경), 색슨족이 웨일스의 점령에 실패하자, 잉글랜드 머시아 왕국의 오파 왕은 웨일스인을 서쪽으로 몰아내기 위해 269킬로미터에 달하는 제방을 축조했는데, 이는 오늘날까지도 '오파의 제방(Offa's Dyke)'이라 불리며, 웨일스와 잉글랜드의 경계 역할을 하고 있다. 웨일스인들은 지금도 잉글랜드를 '오파의 제방 건너편'이라고 부르고 있다.

변경(邊境) 영주들

1066년 정복자 윌리엄에 의한 노르만 정복은 웨일스까지는 미치지 못했고, 웨일스의 변경 지역은 윌리엄에 의해 임명된 3명의 변경 영주들(Marcher Lords)이 통치했다. 이들은 점차 웨일스의 대부분을 수중에 넣었으나, 북 웨일스만은 루엘린 대왕(Llewellyn the Great)의 통치하에 있었다. 웨일스인은 그들의 영토를 되찾기 위해 수차례 잉글랜드와 대적하여 싸웠다. 그리하여 13세기 후반 루엘린 대왕의 손자 루엘린 압 그루피드(Llewellyn ap Gruffydd, Llewellyn the Last, 마지막 왕 루엘린)는 웨일스의 절반 이상을 되찾음으로써 잉글랜드의 왕 헨리 3세로부터 '웨일스 왕자(Prince of Wales)'로 인정받았다. 하지만 그의 승리는 오래가지 못했고, 1283년 잉글랜드의 왕 에드워드 1세와의 싸움에서 패함으로써 웨일스 왕국은 영원히 자취를 감추게 되었다. 이후 웨일스는 본토와 변토(邊土)로 나뉘었으며, 1301년 에드워드 1세는 웨일스인에게 주어지는 '웨일스 왕자'의 칭호를 카나번 성(Caernarfon Castle)에서 자신의 장남(에드워드 2세)에게 부여하고, 본토를 그의 영지(領地)로 하사했다. 왕이나 여왕의 왕세자가 '웨일스 왕자'가 되는 이 전통은 오늘날까지도 이어지고 있으며, 영국의 현재 여왕인 엘리자베스 2세도 찰스 황태자(Prince Charles)

를 1969년 카나번 성에서 '웨일스 왕자'로 봉한 바 있다. 하지만 오늘날에는 웨일스에 대한 실질적인 권한은 전혀 없고, 그저 명목상의 지위에 그칠 뿐이다.

오언 글렌다우어의 반란

하지만 웨일스 고유의 언어, 문화, 전통, 관습 등은 이후에도 잉글랜드와의 공식적인 합병이 성사될 때까지 유지되었으며, 변토 지역에서는 웨일스인의 반항이 14세기 말까지 지속되었다. 특히 15세기 초에는 '웨일스 왕자'를 자칭한 오언 글렌다우어(Owain Glyndwr, Owen Glendower)의 반란이 있었는데, 켈트 동맹군(스코틀랜드, 아일랜드, 프랑스, 노섬브리아)의 도움으로 성공과 실패를 거듭하다가 마침내 랭커스터 가문의 헨리 4세에 의해 진압되었다.

잉글랜드와의 합병

15세기 후반 잉글랜드에서 장미전쟁이 일어났을 때 웨일스인들은 그들의 운명을 바꿔줄 것을 기대하며 웨일스의 명문 가문인 튜더 가(家)의 혈통을 이은 헨리 7세를 열열이 지지했다. 따라서 헨리 7세의 등극과 함께 웨일스인도 잉글랜드와 동일한 혈통을 잇게 되었다. 또한 헨리 8세의 치세기인 1536년에는 1535년 제정된(1543년에 보완됨) '연합법'에 따라 잉글랜드에 정식으로 합병되었다. 이후 의회 대표자를 런던에 파견하고, 영어가 공용어로 채택되었으며, 웨일스의 법과 관습이 폐지되면서 문화도 점차 잉글랜드식으로 변해갔다. 하지만 이러한 상황 하에서도 웨일스인은 자신의 고유문화를 지켜내려는 노력을 꾸준히 기울여오고 있다. 특히, 18세기 후반에는 웨일스인의 정체성 회복과 고유 전통과 문화를 복원하고자 하는 국민의식이 고조되었다.

산업혁명과 사회변화

철강과 석탄 산업을 중심으로 18세기 중반부터 웨일스에 불어 닥친 산업혁명의 여파는 엄청난 사회적 변화를 몰고 왔다. 열악한 삶의 질과 노동조건을 개선하기 위해 노동조합이 결성되었으며, 참정권에 대한 욕구가 분출했고, 주권의식과 권리의식이 고조되었다. 그리하여 1839년과 1843년에는 '레베카 폭동(Rebecca Riots: 영국의 남 웨일스에서 공로[公路]의 통행요금 징수에 항의하여 일어난 소요사건[騷擾事件]으로, 구약성서 〈창세기〉에 나오는 '레베카'의 이름을 가진 지도자의 영도하에 소작인들이 몇 개의 집단으로 나뉘어, 밤에 여장[女裝]을 한 채 말을 타고 다니면서 통행요금 징수소를 파괴하거나 징수원에게 위협을 가한 폭동)' 이 일어나 사회 불안을 일으켰다. 또한 산업의 발전과 함께 감리교(Methodism)의 세가 확산됨으로써, 1851년경에는 웨일스 인구의 80%가 감리교를 신봉했다.

현대의 웨일스

웨일스는 20세기 들어 처음으로 영국의 정치무대에서 목소리를 내기 시작했다. 데이비드 로이드 조지(David Lloyd George)는 최초의 웨일스 가문 출신 총리로서 노령연금 등을 비롯한 사회개혁 프로그램을 입안했고, 광부 출신의 어나이린 베번(Aneurin Bevan)은 제2차 세계대전 이후 클레멘트 애틀리 내각의 보건장관으로 입각(入閣)하여 '국민의료서비스(NHS)' 제도의 기틀을 다지는데 일조했다.

1967년에는 '웨일스 언어법(The Welsh Language Act)'이 제정되어 모든 공식 문서를 웨일스어와 영어 두 가지 언어로 작성토록 하고 있으며, 학교에서도 웨일스어를 필수과목으로 가르치도록 하고 있다. 1982년에는 웨일스어로만 방송하는 제4 TV 채널(S4C, Sianel[Channel] 4 Cymru[Wales])이 생겼다.

1997년 토니 블레어 노동당 정부가 들어서자 웨일스의 분리 독립을 위한 국민투표가 있었으나 성사되지 못했고, 1999년에 이르러서야 웨일스 문제의 해결을 위한 '웨일스 의회(The National Welsh Assembly)'가 웨일스의 중심도시 카디프에 설치되었다.

2007년부터는 웨일스 자치정부가 출범하여 웨스트민스터로부터 권력을 대거 이양 받았으며, 2009년에는 자치정부의 초대 총리(First Minister)였던 로드리 모건(Rhodri Morgan)이 퇴임함에 따라 2010년부터 카윈 존스(The Rt. Hon. Carwyn Jones AM)가 총리직을 맡고 있다.

참고문헌

강혜경, 『영국문화의 이해』, 경문사, 2011.

김양수, 『영국 시문학사』, Brain House, 2003.

김현숙, 『영국문화의 이해』, 신아사, 2013.

그랜트 제이미, 『스코틀랜드』, 휘슬러, 2005.

맥세계사편찬위원회, 『영국사』, 느낌이 있는 책, 2008.

문희경, 『고대에서 18세기까지: 고전영문학의 흐름』, 고려대학교출판부, 2000.

박우룡, 『영국: 지역·사회·문화의 이해』, 소나무, 2002.

박지향, 『슬픈 아일랜드』, 새물결, 2002.

_____, 『영국사: 보수와 개혁의 드라마』, 까치글방, 2007.

송원문, 『영미문학개관』, 경문사, 2011.

송현옥, 「동아일보 문화칼럼」(2006.10.25.), 동아일보사.

수전 캠벨 바톨레티, 곽명단 옮김, 『검은 감자: 아일랜드 대기근 이야기』, 돌

베개, 2001.

CCTV 다큐멘터리 대국굴기 제작진, 『대국굴기 강대국의 조건: 영국』, 안그라픽스, 2007.

아일랜드 드라마연구회, 『아일랜드, 아일랜드』, 이화여자대학교출판부, 2008.

영미문학연구회, 『영미문학의 길잡이 1: 영국문학』, 창작과비평사, 2001.

이근섭, 『영문학사 I: 영국시사』, 을유문화사, 1993.

이승호, 『이승호 교수의 아일랜드 여행지도』, 푸른길, 2005.

정연재, 『영미문화 사전』, 영어포럼, 2004.

조신권, 『정신사적으로 본 영미문학』, 한신문화사, 1994.

조일제, 『영미문화의 이해와 탐방』, 우용출판사, 2002.

주간조선 1848호(2005.4.4.), 조선일보사.

최영승, 『영국사회와 문화』, 동아대학교출판부, 2009.

_____, 『영미문화 키워드』, 동아대학교출판부, 2004.

_____, 『영미사회와 영어권 문화여행』, 동아대학교출판부, 2013.

테리 탄, 『영국』, 휘슬러, 2005.

한일동, 『아일랜드』, 도서출판 동인, 2014.

Cannon, John (ed.), *Oxford Dictionary of British History*, Oxford UP, 2001.

Crowther, Jonathan (ed.), *Oxford Guide to British and American Culture*, Oxford UP, 1999.

Cussans, Thomas, *Kings and Queens of the British Isles*, Times Books, 2002.

Fraser, Rebecca, *The Story of Britain*, W. W. Norton & Company, 2003.

Grant, Jamie, *Culture Shock:Scotland*, Marshall Cavendish, 2001.

Grant, R. G, *History of Britain and Ireland*, DK, 2011.

Killeen, Richard, *A Short History of Ireland*, Gill & Macmillan, 1994.

Levy Pat & Sean Sheehan, *Ireland*, Footprint, 2005.

Levy, Patricia, *Culture Shock: Ireland*, Marshall Cavendish International (Asia) Private Ltd., 2005.

Lonely Planet, *Wales*, Lonely Planet, 2011.

_____, *London:Encounter*, Lonely Planet, 2007.

_____, *British:Language & Culture*, Lonely Planet, 1999.

_____, *Discover Great Britain*, Lonely Planet, 2011.

_____, *Discover Scotland*, Lonely Planet, 2011.

Nicholson, Louise, *National Geographic Traveller London*, Mondadori Printing, 1999.

Norbury, Paul, *Culture Smart: Britain*, Kuperard, 2003.

O'Driscoll, James, *Britain*, Oxford, 2009.

O hEithir, Breandan, *A Pocket History of Ireland*, The O'Brien Press Ltd., 2000.

Steves, Rick, *Scotland*, Avalon Travel, 2017.

Storry, Mike (eds.), *British Cultural Identities*, Routledge, 1997.

Watson, Fiona, *Scotland: from Prehistory to the Present*, Tempus, 2001.

프랑스엔 〈크세주〉, 일본엔 〈이와나미 문고〉,
한국에는 〈살림지식총서〉가 있습니다.

전통과 보수의 나라 영국 1

영국 역사

펴낸날	초판 1쇄 2018년 7월 23일

지은이	한일동
펴낸이	심만수
펴낸곳	(주)살림출판사
출판등록	1989년 11월 1일 제9-210호

주소	경기도 파주시 광인사길 30
전화	031-955-1350 팩스 031-624-1356
홈페이지	http://www.sallimbooks.com
이메일	book@sallimbooks.com

ISBN	978-89-522-3941-9 04080
	978-89-522-0096-9 04080 (세트)

※ 값은 뒤표지에 있습니다.
※ 잘못 만들어진 책은 구입하신 서점에서 바꾸어 드립니다.

이 도서의 국립중앙도서관 출판시도서목록(CIP)은 서지정보유통지원시스템 홈페이지
(http://seoji.nl.go.kr)와 국가자료공동목록시스템(http://www.nl.go.kr/kolisnet)에서
이용하실 수 있습니다.(CIP제어번호: CIP2018018735)

책임편집·교정교열 **최문용**

085 책과 세계

강유원(철학자)

책이라는 텍스트는 본래 세계라는 맥락에서 생겨났다. 인류가 남긴 고전의 중요성은 바로 우리가 가 볼 수 없는 세계를 글자라는 매개를 통해서 우리에게 생생하게 전해 주는 것이다. 이 책은 역사라는 시간과 지상이라고 하는 공간 속에 나타났던 텍스트를 통해 고전에 담겨진 사회와 사상을 드러내려 한다.

056 중국의 고구려사 왜곡   eBook

최광식(고려대 한국사학과 교수)

중국의 고구려사 왜곡의 숨은 의도와 논리, 그리고 우리의 대응 방안을 다뤘다. 저자는 동북공정이 국가 차원에서 진행되는 정치적 프로젝트임을 치밀하게 증언한다. 경제적 목적과 영토 확장의 이해관계 등이 복잡하게 얽혀 있는 동북공정의 진정한 배경에 대한 설명, 고구려의 역사적 정체성에 대한 문제, 고구려사 왜곡에 대한 우리의 대처방법 등이 소개된다.

291 프랑스 혁명   eBook

서정복(충남대 사학과 교수)

프랑스 혁명은 시민혁명의 모델이자 근대 시민국가 탄생의 상징이지만, 그 실상을 아는 사람은 많지 않다. 프랑스 혁명이 바스티유 습격 이전에 이미 시작되었으며, 자유와 평등 그리고 공화정의 꽃을 피기 위해 너무 많은 피를 흘렸고, 혁명의 과정에서 해방과 공포가 엇갈리고 있었다는 등의 이야기를 통해 프랑스 혁명의 실상을 소개한다.

139 신용하 교수의 독도 이야기   eBook

신용하(백범학술원 원장)

사학계의 원로이자 독도 관련 연구의 대가인 신용하 교수가 일본의 독도 영토 편입문제를 걱정하며 일반 독자가 읽기 쉽게 쓴 책. 저자는 역사적으로나 국제법상으로 실효적 점유상으로나, 어느 측면에서 보아도 독도는 명백하게 우리 땅이라고 주장하며 여러 가지 역사적인 자료를 제시한다.

144 페르시아 문화　eBook

신규섭(한국외대 연구교수)

인류 최초 문명의 뿌리에서 뻗어 나와 아랍을 넘어 중국, 인도와 파키스탄, 심지어 그리스에까지 흔적을 남긴 페르시아 문화에 대한 개론서. 이 책은 오랫동안 베일에 가려 있던 페르시아 문명을 소개하여 이슬람에 대한 편견과 오해를 바로 잡는다. 이태백이 이 관계였다는 사실, 돈황과 서역, 이란의 현대 문화 등이 서술된다.

086 유럽왕실의 탄생

김현수(단국대 역사학과 교수)

인류에게 '예술과 문명' 그리고 '근대와 국가'라는 개념을 선사한 유럽왕실. 유럽왕실의 탄생배경과 그 정체성은 무엇인가? 이 책은 게르만의 한 종족인 프랑크족과 메로빙거 왕조, 프랑스의 카페 왕조, 독일의 작센 왕조, 잉글랜드의 웨섹스 왕조 등 수많은 왕조의 출현과 쇠퇴를 통해 유럽 역사의 변천을 소개한다.

016 이슬람 문화

이희수(한양대 문화인류학과 교수)

이슬람교와 무슬림의 삶, 테러와 팔레스타인 문제 등 이슬람 문화 전반을 다룬 책. 저자는 그들의 멋과 가치관을 흥미롭게 설명하면서 한편으로 오해와 편견에 사로잡혀 있던 시각의 일대 전환을 요구한다. 이슬람교와 기독교의 관계, 무슬림의 삶과 낭만, 이슬람 원리주의와 지하드의 실상, 팔레스타인 분할 과정 등의 내용이 소개된다.

100 여행 이야기　eBook

이진홍(한국외대 강사)

이 책은 여행의 본질 위를 '길거리의 철학자'처럼 편안하게 소요한다. 먼저 여행의 역사를 더듬어 봄으로써 여행이 어떻게 인류 역사의 형성과 같이해 왔는지를 생각하고, 다음으로 여행의 사회학적 · 심리학적 의미를 추적함으로써 여행에 어떤 의미를 부여할 것인가에 대해 말한다. 또한 우리의 내면과 여행의 관계 정의를 시도한다.

293 문화대혁명 중국 현대사의 트라우마

eBook

백승욱(중앙대 사회학과 교수)

중국의 문화대혁명은 한두 줄의 정부 공식 입장을 통해 정리될 수 없는 중대한 사건이다. 20세기 중국의 모든 모순은 사실 문화대혁명 시기에 집약되어 있다고 해도 과언이 아니다. 사회주의 시기의 국가 · 당 · 대중의 모순이라는 문제의 복판에서 문화대혁명을 다시 읽을 필요가 있는 지금, 이 책은 문화대혁명에 대한 안내자가 될 것이다.

174 정치의 원형을 찾아서

eBook

최자영(부산외국어대학교 HK교수)

인류가 걸어온 모든 정치체제들을 매우 짧은 기간 동안 시험하고 정비한 나라, 그리스. 이 책은 과두정, 민주정, 참주정 등 고대 그리스의 정치사를 추적하고, 정치가들의 파란만장한 일화 등을 소개하고 있다. 특히 이 책의 저자는 아테네인들이 추구했던 정치방법이 오늘 우리 사회가 당면한 문제를 해결할 수 있는 지혜의 발견에 도움을 줄 수 있을 것이라고 말한다.

420 위대한 도서관 건축순례

eBook

최정태(부산대학교 명예교수)

이 책은 도서관의 건축을 중심으로 다룬 일종의 기행문이다. 고대 도서관에서부터 21세기에 완공된 최첨단 도서관까지, 필자는 가능한 많은 도서관을 직접 찾아보려고 애썼다. 미처 방문하지 못한 도서관에 대해서는 문헌과 그림 등 가능한 많은 정보를 수집하려 노력했다. 필자의 단상들을 함께 읽는 동안 우리 사회에서 도서관이 차지하는 의미에 대해 다시 생각하게 된다.

421 아름다운 도서관 오디세이

eBook

최정태(부산대학교 명예교수)

이 책은 문헌정보학과에서 자료 조직을 공부하고 평생을 도서관에 몸담았던 한 도서관 애찬가의 고백이다. 필자는 퇴임 후 지금까지 도서관을 돌아다니면서 직접 보고 배운 것이 40여 년 동안 강단과 현장에서 보고 얻은 이야기보다 훨씬 많았다고 말한다. '세계 도서관 여행 가이드'라 불러도 손색없을 만큼 풍부하고 다채로운 내용이 이 한 권에 담겼다.

eBook 표시가 되어있는 도서는 전자책으로 구매가 가능합니다.

(주)살림출판사
www.sallimbooks.com
주소 경기도 파주시 문발동 522-1 | 전화 031-955-1350 | 팩스 031-955-1355